용인의 고택과
옛사람들 이야기

용인의 고택과
옛사람들 이야기

초판 1쇄 인쇄일 2022년 11월 1일
초판 1쇄 발행일 2022년 11월 10일

지은이 서희정, 이성례, 김난경, 정선화, 한유진
펴낸이 양옥매
디자인 표지혜 송다희
일러스트 유정자
교   정 조준경

펴낸곳 도서출판 책과나무
출판등록 제2012-000376
주소 서울특별시 마포구 방울내로 79 이노빌딩 302호
대표전화 02.372.1537   팩스 02.372.1538
이메일 booknamu2007@naver.com
홈페이지 www.booknamu.com
ISBN 979-11-6752-206-1 (03900)

용인의 고택과
옛사람들 이야기

· 서희정 이성례 김난경 정선화 한유진 ·

책과나무

고택을 새로운 시각으로
이해하는 뜻깊은 기회

김장환 용인문화원 사무국장

소재하고 있는 대표적인 고택을 선정하여 그 유래와 그곳에 살았던 사람들의 흔적을 살펴보는 의미 있는 기획으로, 매우 뜻깊게 생각합니다.

용인은 지리적으로 한양에 가까운 만큼 기전문화의 전형적인 특징을 지니고 있으면서도 예로부터 교통의 요지로서 각지의 다양한 문화를 수용하면서 독특한 문화를 발전시켜 온 고장입니다. 고택에 있어서도 중부 지방은 물론 남·북부 지방의 기후 특성에 따른 다양한 양식들을 확인할 수 있습니다.

음애 이자 고택은 조선 중기 정암 조광조 선생과 왕도정치를 꿈꾸던 기묘명현의 고택이라는 인상과는 달리, 뜻밖에도 소박한 선비의 향기가 배어 있음을 느낍니다. 사은정에 올라서면 더욱 그러한 정취를 느낄 수 있지요. 그런가 하면 이주국 장군 고택은 장군의 강직한 성품이 고스란히 배어 있다는 생각이 들고, 장욱진 선생이 말년을 살던 고택은 그분의 도가적 사상과 철학이 느껴지기도 합니다.

이렇듯 서로 다른 얼굴과 표정을 지니고 있는 고택을 만나고 그 고택과 함께했던 사람들의 이야기를 들려준다는 것이 매우 기발하고 흥미로운 발상이 아니었나 생각합니다.

집필에 참여하신 여러분께 진심으로 감사드리며, 이 저작이 용인의 전통과 문화를 새로운 시각으로 이해할 수 있는 계기가 되기를 기대합니다.

향토사와 미술사를 접목하는
새로운 학술적 시도

박영택 경기대 파인아트학부 교수, 미술평론가

서희정 교수님이 지난 몇 해 동안 경기대학교 미술경영전공학과에 출강하면서 학생들에게 깊은 지적 자극과 영향 그리고 새로운 학습 방법에 대한 상당한 자극을 주셨습니다. 그 연장선상에서 학생들과 함께 또한 타 전공 연구자들과 더불어 이번 『용인의 고택과 옛사람들 이야기』 프로젝트를 추진하면서 학업의 장을 확장하는 기회도 마련해 주셨습니다.

용인의 향토문화재인 고택 세 군데를 선정해 이곳의 역사적 · 문화적 그리고 건축적 맥락을 추적하는 한편, 이를 통해 향토사와 미술사를 접목하는 새로운 학술적 시도를 선보이는 흥미로운 일에 본교 학생들도 참여시켜 그들에게 중요한 배움의 경험을 제공해 주신 점에 학생들을 지도하는 교수로서 깊이 감사드립니다.

더불어 이와 같은 프로젝트는 지역에 위치한 대학, 관련 학과의 학생들의 적극적인 참여와 연구를 통해 보다 심화 · 확장될 수 있는 성격이 짙다고 여겨집니다. 앞으로도 서희정 교수님의 적극적인 지도와 관심을 기대하며, 이번 프로젝트를 수행하신 그간의 노고에 감사의 인사와 축하의 말씀을 드립니다.

이 책은 용인의 역사 깊고 아름다운 고택과 그 집에서 살다 간 용인 사람들의 이야기입니다. 용인의 향토문화재인 고택의 경우, 조선 시대부터 사대부의 고장으로서 존재해 왔던 용인의 역사와 그곳에서 살던 선인들의 숨결을 읽을 수 있게 해 줍니다. 먼저 고택은 아파트를 중심으로 개발되고 있는 요즘, 잊혀 가는 한국의 전통가옥이며, 실제로 한국의 전통적인 생활양식을 유지하며 사람들이 거주하고 있기도 한 소중한 동네 문화재라고 할 수 있겠습니다.

용인에는 처인구 원삼면에 이주국 장군 고택, 기흥구 지곡동에 한산이씨 음애공파 고택, 그리고 기흥구 마북동에 장욱진 가옥(별칭, 장욱진 고택)이 용인시 문화재로 지정되어 있습니다. 그렇다면 근처 마을 사람들이 기억하는 고택에서 살았던 사람들은 어떤 모습일까요? 실제로 이웃집으로 존재하는 고택이지만, 그곳에 살았던 사람들의 이야기를 접할 기회가 생각보다 많지 않습니다.

문화사 관련 집필과 연구를 오랫동안 해 온 문화연구가이자 교육자, 그리고 15년차 용인 시민인 필자는 오랫동안 아름답게 세월을 품고 있는 한국의 옛집을 보고 용인 지역의 문화유산으로 그 소중한 가치를 스토리텔링을 통해서 학생들과 일반 시민들과 같이 나누고 싶었습니다.

이번 용인문화재단의 후원으로 문화사 연구자분들의 전문성과 열정을 한데 모아 고택에서 살았을 역사 속의 이웃 주민인 이주국 장군, 한산이씨 음애공파, 한국의 대표적인 근현대화가 장욱진 화백에 대한 자료를 조사하고 인물에 얽힌 이야기들을 스토리텔링의 방식으로 풀어냈습니다. 이야기로 풀어내는 데 못다 한 상상의 장면들은 용인의 중학교에 재직하고 계시는 미술강사 유정자 님의 그림 작품으로 시각적인 아름다움을 더하여 보았습니다.

또 하나, 각각의 고택에서 살던 옛사람들의 이야기를 읽기 전, 먼저 한국미술사 연구자인 이성례 박사님의 글과 사진을 통해 용인 고택의 구조와 아름다운 풍경을 자세히 집 구경하듯 볼 수 있는 것도 이 책의 재미 중 하나입니다.

조선 시대 사대부들의 역사 자료를 조사하여 문화재 스토리텔링으로 풀어내는 과정이 쉬운 일은 아니었지만, 대중적 글쓰기와 구비문학 연구 경력의 전문성을 살려 큰 작업을 해 주신 김난경 박사님께도 감사드립니다. 이주국 장군과 한산이씨 음애공파의 이야기의 각각의 플롯들은 마치 역사 드라마의 한 장면을 연상하게 합니다.

또한 한국의 대표적인 근현대화가로 용인 마북동의 정취를 그대로 담아낸 장욱진 화백의 예술작품 가운데 마을 풍경과 관련된 몇몇 대표작을 소개하여 화가의 집이 있는 동네의 아름다움에 대해서 다시 바라볼 수 있도록 하였습니다.

서양의 웅대한 파르테논 신전의 이야기도 재미있지만, 우리 가까이에 이웃으로 살다 간 한 지역의 인물들과 그들의 옛집 이야기 또한 흥미진진한 문화 콘텐츠로 사랑받을 수 있다고 봅니다. 한국의 문화가 세계화되어 가는 21세기 한류 문화 시대를 맞이하여 용인의 오래된 옛집의 소중한 가치를 이번 기회에 함께 나눌 수 있게 되기를 바랍니다.

2022년 11월
경기도 용인시 자택에서 서희정 박사

차
례

추천사 · 4
글을 시작하며 · 6

용인의 고택을 찾아서

이자, 이주국, 장욱진 고택을 찾다

고택에 깃든 옛사람의 생각 · 14
용인 한산이씨 음애공파 고택 · 20
용인 이주국 장군 고택 · 31
용인 장욱진 가옥 · 43

첫 번째 옛집 이야기

혼란의 세월을 견뎌 낸 한산이씨 · 음애 이자

고요한 고택서 폭풍같이 살았던 한산이씨 • 52

고려의 충신 이곡과 이목, 조선 초 성리학의 스승 • 56

스승 구양현과 괴시(槐市) 마을 • 59

현실과 이상 사이, 개혁정치를 꿈꾸다 • 65

인간의 성품이 곧 하늘의 이치(天理)라 했으니 • 70

두 번째 옛집 이야기

백발백중의 명사수 이대장 할아버지, 이주국

높은 망와는 200년이 넘은 역사를 품고 • 80

검은 준마(駿馬), 하늘로 오르다 • 85

내 삶은 내 것, 내가 만들어 나가는 거야 • 92

뭣이 중한데, 흙보다 돌 • 100

설산 위 푸르른 나무와 같은 기백, 활을 쏘아라 • 104

그 칼로 원수인 나를 찔러라 • 108

마지막까지 제 임무를 다하겠습니다 • 112

용인 문촌리 이대장 할아버지, 그 후손을 찾아 • 116

세 번째 옛집 이야기

자연과 함께한 콧수염의 예술가, 장욱진

용인시 마북동 교동마을, 장욱진 화백의 옛집 숨결 • 120

콧수염의 자화상 • 128

푸른 언덕에 그림 같은 집을 짓고 • 132

선(禪)이란 무엇인가? • 141

용인시 마북동 마을의 큰 나무들 • 145

더 읽을 용인 이야기

용인, 이름에 얽힌 유구한 역사 • 150

용인의 대표 성씨와 용인 사람들 • 151

생거진천(生居鎭川) 사거용인(死居龍仁)의 두 가지 옛이야기 • 156

일제의 식민 지배에 맞선 용인 사람들 • 160

용인에 깃든 전설 • 163

책 속 고택 정보 • 166

이야기에 도움을 주신 분들 • 168

그림 및 사진 제공처 • 169

참고 문헌 • 171

이 책을 쓴 사람들의 이야기 • 174

용인의

고택을 찾아서

이자, 이주국, 장욱진 고택을 찾다

이성례

고택에 깃든 옛사람의 생각

우리나라에는 크고 작은 고택(古宅)이 많이 있습니다. 고택은 옛날에 지은 오래된 집을 말해요. 집은 그곳에서 살아가는 사람들이 의식주를 해결하는 공간이면서 편안하게 휴식하는 안식처였습니다. 고택에는 대를 이어 가며 살았던 한 가족의 역사가 고스란히 담겨 있습니다.

특별히 이 책에서는 용인에 있는 고택을 살펴보려고 해요. 용인은 대한민국 경기도의 동남부에 위치한 도시입니다. '용인'이라는 이름이 조선의 3대 왕인 태종 14년(1414)에 정해졌으니 600년이 넘었네요. 오랜 시간이 흐른 만큼 세월의 흔적을 간직한 집이 많이 남아 있답니다. 그중에서도 세 곳의 옛집을 만나 볼 거예요. 한산이씨 음애공파 고택, 이주국 장군 고택, 장욱진 가옥(별칭, 장욱진 고택)이 그 주인공입니다.

한산이씨 음애공파 고택은 조선 중기인 중종 대에 정암 조광조(趙光祖,

용인 한산이씨 음애공파 고택(경기도 민속문화재 제10호)

1482~1519)와 함께 개혁정치를 추구했던 음애 이자(李耔, 1480~1533) 선생의 후손이 대대로 살았던 집입니다. 비록 건물이 처음 세워진 시기는 알 수 없지만, 여러 차례 보수하고 복원하면서 현재의 모습을 갖추게 되었습니다. 이자 선생의 성품을 닮은 듯 검소하고 단정한 모양새가 인상적입니다.

이주국 장군 고택은 조선 후기인 영조, 정조 대에 많은 공적을 남겼던 이주국 (李柱國, 1720~1798) 장군이 사셨던 집입니다. 고택의 대문을 들어서는 순간, 장군의 강직한 성품을 닮은 듯 위풍당당한 모습의 사랑채가 한눈에 들어옵니다.

용인 이주국 장군 고택(경기도 문화재자료 제96호)

이곳에는 현재도 사람들이 살고 있어서 수백 년간 켜켜이 쌓인 시간의 두께와 함께 삶의 체취를 강하게 느낄 수 있어요.

　장욱진 가옥은 장욱진(張旭鎭, 1917~1990) 화백이 1986년부터 작고할 때까지 거주하며 창작 활동을 한 집입니다. 한옥과 양옥으로 구성되어 있는데, 한옥은 조선 말기인 1884년에 지어진 초가집을 장욱진 화백이 1986년에 구입해서 작업실과 살림집으로 만든 것입니다. 'ㄱ' 자 형태의 안채와 바깥채가 마주 보고, 건물 주위로 토담이 둘러 있습니다. 안채 뒤편으로 올라가면 초가 정자와 붉은 벽

용인의 고택과 옛사람들 이야기

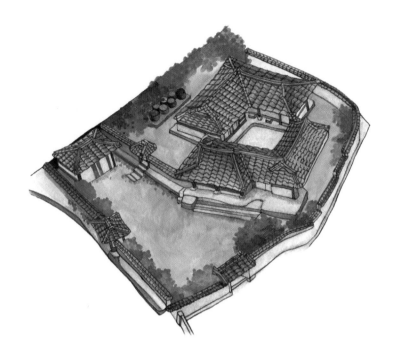

용인 장욱진 가옥(국가등록문화재 제404호)

돌집이 있어요. 동서양의 조형 세계를 넘나들었던 가옥의 주인처럼 한옥과 양옥이 공존하는 독특한 매력이 있는 곳이랍니다.

 이 세 곳의 옛집은 모두 조선 시대에 지어졌습니다. 조선 시대에는 유교 사상을 나라의 통치 이념으로 삼아 정치와 사회 질서를 유지했어요. 부모를 공경하는 것을 도리라고 여겼고, '봉제사(奉祭祀) 접빈객(接賓客)'을 중시했습니다. 봉제사는 돌아가신 조상을 기리기 위해 후손들이 예를 갖춰 제사를 받드는 것이고, 접빈객은 손님을 대접하는 것을 말합니다. 또, '내외(內外)'라는 성리학적 관습에 따라 남자와 여자의 임무를 구분했답니다. 남녀의 역할 구분은 임진왜란과 병자호란을 겪고 난 이후 더욱 강화되었습니다.

　유교 문화는 의식주를 포함한 일상생활의 기준이 되었고, 집을 짓는 데도 영향을 끼쳤어요. 특히 지배 계층은 집을 유교의 이념과 덕목을 지키고 실천하는 공간으로 여겼습니다. 그래서 집의 구조와 각각의 건물에는 조상숭배, 남녀유별(男女有別), 장유유서(長幼有序)와 같은 유교의 가르침이 반영되었답니다.

　풍수지리 역시 집을 짓는 데 중요한 기준이 되었습니다. 옛사람들은 자연을 살아 있는 존재로 여기고, 자연에도 기운이 돈다고 믿었어요. 그래서 집터를 정할 때 산의 형태와 물이 들어오고 나가는 모습, 땅의 생김새, 바람의 흐름 등을 고려하면서 좋은 기운이 머무는 곳에 집을 지었답니다. 건물의 위치와 방향을 정할 때도 자연과의 조화를 중시했지요.

　또한, 신분의 높고 낮음에 따라 집의 크기와 방의 숫자는 물론, 집 안과 밖의 경계에 둘러싸는 담장이나 행랑채(대문채)의 규모, 대문의 모양과 크기가 달랐습니다. 집주인의 신분이 높고 경제력이 있는 집에는 대개 사랑채, 안채, 행랑채, 사당채 등의 건물이 있고, 각각의 건물에 딸린 마당이 있었어요. 규모가 큰 집은 집안 살림과 곡식을 저장하던 광채와 곳간채도 있었답니다. 당시에 양반 계층은 하인을 거느리고 살았는데, 주인이 머무는 안채, 사랑채와 하인이 머무는 행랑채도 철저히 구분했지요. 반면에 일반 평민의 집은 규모도 훨씬 작고, 구조와 장식이 간단합니다.

이 밖에 또 어떤 특징이 있을까요? 집을 지을 때 사용했던 재료에 대한 이야기도 해야겠네요. 옛사람들은 사계절이 뚜렷한 기후의 영향과 지형적 특성을 고려하면서 자연에서 손쉽게 구할 수 있는 재료를 이용해서 집을 지었어요. 흙과 나무, 돌을 주재료로 사용했지요. 이외에도 현재 우리가 살고 있는 집의 모습과 다른 특징들이 여럿 있답니다.

우리가 살펴볼 고택에도 이러한 생각과 특징이 담겨 있을까요? 지금부터 고택의 구석구석을 구경하면서 이 집에서 생활했던 사람들의 마음과 교감해 볼까요?

용인 한산이씨 음애공파 고택

경기도 용인시 기흥구 지곡동에 위치한 한산이씨 음애공파 고택은 조선 중기의 정치가이자 학자인 음애 이자 선생의 후손들이 대대로 살던 집입니다. 그가 묻힌 '음애 이자 묘역(경기도 기념물 제172호)'도 이곳에서 멀지 않은 곳에 있습니다.

기둥이 네 개인 '사주문'을 열고 들어서면 'ㄷ'자 모양의 건물이 눈에 들어옵니다. 원래 본채 앞에 '一'자 모양의 행랑채가 있었지만, 불에 타 없어졌어요. 행랑채가 있었다면 튼 'ㅁ'자 모양의 집이었겠지요.

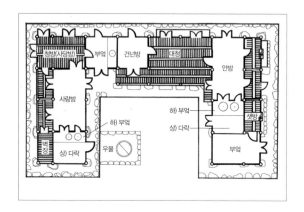

본채 평면도

고택 본채

　건물을 정면에서 볼까요? 좌우 날개채의 지붕 형태가 다른 것을 볼 수 있지요? 지붕은 모양에 따라 여러 가지 명칭으로 불려요. 책을 엎어 놓은 모양인 '맞배지붕', 네 면에 모두 지붕면이 있는데, 앞뒤에서 보면 사다리꼴, 양쪽 측면에서 보면 삼각형의 형태인 '우진각지붕', 우진각지붕 위에 맞배지붕을 올려놓은 것 같은 모양의 '팔작지붕(합각지붕)' 등이 있습니다.

　이 고택의 왼쪽 날개채는 팔작지붕, 오른쪽 날개채는 맞배지붕으로 되어 있습니다. 이렇게 한 건물에 두 종류의 지붕을 올린 이유가 있을까요? 이것은 남녀유별을 강조한 유교의 영향을 반영하고 있습니다.

　건물의 왼쪽은 남자들의 공간입니다. 구들(온돌)을 놓지 않고 마루처럼 널을 깔아 꾸민 청방(사당방)과 사랑방, 부엌이 있지요. 오른쪽은 여자들의 공간으로 안방과 부엌이 있습니다. 즉, 남자와 여자의 생활공간이 분리된 것이지요.

　규모가 큰 집은 사랑채와 안채를 따로 지어서, 바깥주인을 비롯한 남자들은 사랑채에서 지냈고, 안주인(주부)을 비롯한 여자들과 어린 자녀들은 안채에서 생활했습니다. 하지만 이곳처럼 두 공간이 한 건물에 있는 경우에는 부엌이나 대청 등을 사이에 넣어 구분했답니다.

먼저 남자들의 공간으로 가 볼게요. 이곳은 청방입니다. 이 고택에는 조상의 위패를 모시고 제사 지냈던 사당채가 별도로 없고, 대신 마루처럼 널을 깔아 꾸민 청방에서 제사를 지냈습니다. 위패는 죽은 사람의 이름을 적은 나무패로, 조상의 혼을 대신하는 상징물입니다.

청방

조선 시대에는 각 가정마다 조상의 위패를 모시는 제실(祭室)을 마련해야 했어요. 사당채는 대개 외부인이 쉽게 접근하지 못하도록 출입구에서 먼 쪽에 위치했고, 담장과 대문을 따로 설치했습니다. 사당을 별도의 건물로 짓지 못할 때는 이처럼 사랑채나 안채에 공간을 마련해서 사당방으로 사용했습니다.

청방의 문은 문짝을 포갠 다음 위로 들어 올려 들쇠에 얹는 들어열개

청방 판문

용인의 고택과 옛사람들 이야기

방식의 분합문입니다. 문을 열었을 때 마치 벽이 없는 것처럼 확 트인 공간을 만들 수 있습니다. 날씨가 더울 때 혹은 많은 사람이 동시에 제사를 지낼 때 이렇게 문을 열었습니다. 청방의 측면 문은 널빤지로 만든 판문으로 되어 있네요.

청방 옆은 사랑방입니다. 사랑방 앞에 툇마루가 있는데, 툇마루의 기둥이 독특합니다. 팔각기둥이지요. 대청의 기둥은 사각기둥(네모기둥)인데, 사랑방 앞에는 팔각기둥이 세워졌네요. 이 기둥에도 옛사람들의 생각이 담겨 있답니다.

사랑방 앞 툇마루   팔각기둥   툇마루의 벽장

우리 선조들은 세상의 만물이 음과 양으로 나뉜다고 보았어요. 예를 들어, 하늘은 양, 땅은 음, 남자는 양, 여자는 음과 같이 분류하면서 음과 양은 서로 조화를 이루며 존재한다고 여겼습니다. 또, '하늘은 둥글고 땅은 네모지고 반듯하다(天圓地方)'고 생각했어요. 그래서 하늘의 기질을 가진 남자들의 공간에는 둘레

를 둥그렇게 깎아 만든 두리기둥(원기둥)이나 팔각기둥을 세우고, 땅의 기질을 가진 여자들의 공간에는 네모반듯한 모양인 방형(方形), 즉 사각기둥을 세우곤 했습니다.

이제 사랑방 안으로 들어가 볼까요? 두 칸으로 트여 있는 사랑방과 청방 사이에는 문이 있습니다. 문을 열면 사랑방과 청방이 연결되어 넓게 쓸 수 있지요. 커다란 다락문과 작은 벽장문이 보이네요. 이곳에는 서책 등을 보관했습니다. 사랑방은 옆에 있는 부엌의 아궁이에 불을 지펴 난방을 했습니다. 구들방에 불을 들이려다 보니 부엌 바닥은 방바닥보다 훨씬 낮아요. 솥을 걸어 두고 음식을 하는 부뚜막도 보이네요. 아궁이의 위는 다락입니다.

부엌

사랑방 내부

사랑방과 청방 사이 문

건물 뒤편으로 가면, 최근에 새로 지은 사당채와 연결된 협문이 있어요. 그리

용인의 고택과 옛사람들 이야기

고 연기가 빠져나가는 통로인 '연도(煙道)'를 놓아 올린 굴뚝을 볼 수 있는데, 총 3개가 있습니다. 긴 쪽마루도 놓여 있어요. 대청 뒤에 설치한 것으로 두껍고 단

굴뚝

쪽마루

단한 나무를 그대로 사용했습니다. 쪽마루는 대청과 뒷마당의 출입을 편하게 하고, 이곳에서 잠시 쉬거나 물건을 올려 둘 수 있었습니다.

쪽마루를 지나면 안방이 보입니다. 문이 닫혀 있네요. 문 밑에 바람을 통하게 하는 구멍이 있어요. 나무가 숨을 쉬도록 만든 것입니다. 문을 열면 마루가 보입

안방 바깥벽과 바깥문

안방 바깥문과 툇마루

안방 툇마루

안방 내부

부엌 안 작은 방

용인의 고택과 옛사람들 이야기

니다. 사랑방 앞에도 툇마루가 있었지요? 사랑방과 안방의 구조는 같은데, 안방 앞에는 문을 달았습니다. 마루에는 당장 사용하지 않는 물건을 보관했어요. 또, 문이 있어서 바깥에서 안방을 들여다볼 수 없었지요.

안방 옆에도 부엌이 있습니다. 아궁이에 불을 때서 난방을 했고, 아궁이 위로 다락을 꾸몄습니다. 부엌 안에는 안 쓰는 물건을 보관하거나, 부엌일을 하다가 잠깐 쉴 수 있는 작은 방이 하나 있습니다.

누마루와 대청마루   대청 천장

본채 중앙에는 어떤 공간이 있는지 살펴볼까요? 건물 왼편 사랑방 옆에 부엌이 있고, 그 옆으로 건넌방이 있습니다. 건넌방 앞에는 누마루가 있네요. 누마루는 툇마루보다 바닥으로부터 약간 높이 띄운 마루입니다. 누마루와 대청에는 네모 기둥을 세웠어요.

대청은 바람이 잘 통해서 무더운 여름을 보내기 좋았습니다. 여름에는 저 뒤에 있는 판문을 활짝 열었어요. 나무로 만든 마루는 바닥에서 떨어지도록 설계하여

대청

땅속 습기가 닿지 않고, 바람을 통하게 하여 여름에도 시원하게 지낼 수 있었습니다.

'금서재' 편액

대청 안쪽에 '금서재(琴書齋)'라는 편액이 보입니다. 편액은 액자라고 보면 되는데요. 그렇다면 '금서재'는 어떤 의미일까요? '금서'는 거문고와 책을 이르는 말입니다.

중국의 진(晉)나라 때 도연명(陶淵明, 365~427)이라는 사람이 있었어요. 그는 많은 시를 지었는데, 그중에 「귀거래사(歸去來辭)」라는 작품이 있답니다. 이 시에 "거문고와 서책을 즐겨 근심을 잊으리라[樂琴書以消憂]"라는 구절이 나옵

용인의 고택과 옛사람들 이야기

니다. '금서'는 거문고와 서책을 즐기면서 수신하고 학문하는 사람의 자세를 드러내지요.

'금서재'의 당호도 이러한 「귀거래사」의 내용을 본받아 수신과 학문을 강조했던 마음을 담아낸 것은 아닐까요? 이 '금서재' 편액은 후손들이 새로 만든 것입니다. 고택을 수리·복원하는 과정에서 상량문이 발견되었는데, 상량문에 "옛 당호인 금서재를 편액으로 삼으니"라는 대목이 있어, 이를 바탕으로 편액을 만들어 걸었다고 합니다.

참고로, 상량문은 집을 새로 짓거나 고칠 때 집의 내력이나 공사를 진행했던 과정 등을 적어 둔 문서를 말합니다. 집의 뼈대가 완성되면 기와를 얹기 전에 '상량제(上樑祭)'를 지내는데, 그때 작성합니다. 상량문은 마룻대에 직접 쓰는 것이 일반적이지만, 쓸 내용이 많을 때는 종이나 비단에 상량문을 적어 마룻대에 홈을 파고 그 속에 넣어 두기도 했습니다.

지금까지 용인 한산이씨 음애공파 고택을 둘러보았어요. 전체적으로 검소하고 단정한 분위기가 음애 이자 선생을 닮은 듯합니다. 구경을 마치고 사주문으로 향하던 중, 잠시 우물에서 멈춰 섰습니다. 방형의 돌로 된 기단 위에 원형의 우물이 있습니다. 예전에는 우물 옆에 향나무가 있었다고 합니다. 현재는 뚜껑이 닫혀 있지만, 이 고택에 사람

우물

들이 살았을 적에는 우물물이 식수이자 생활용수였고, 우물터는 가족이 소통하는 공간이었겠지요.

새로 지은 사당채(왼쪽)와 고택

용인의 고택과 옛사람들 이야기

용인 이주국 장군 고택

　용인시 처인구 원삼면 문촌리에는 이주국 장군의 옛집이 남아 있습니다. 문촌리는 이주국 장군이 태어나 평생을 살았던 고향으로, 고택 근처에 이주국 장군의 묘소와 신도비(용인시 향토유적 제4호)가 있습니다. 고택에는 이주국 장군의 후손들이 살다가 100여 년 전에 정씨 가문으로 주인이 바뀌었고, 현재도 그 후손들이 거주하고 있습니다.

　집 안으로 들어가 볼까요? 대문은 솟을대문으로, 대문 지붕이 행랑채 지붕보다 높이 솟아 있습니다. 솟을대문은

솟을대문

그 자체로 양반 가문의 위엄을 드러냈고, 수평의 담장에 변화를 주었습니다.

현재 가옥은 사랑채, 안채, 행랑채로 구성되어 있습니다. 예전에는 집의 규모가 훨씬 컸지만, 세월이 흘러 하나둘 사라지고, 많이 축소되었지요. 원래 솟을대문 앞에도 담장과 작은 홍살문이 있어서 사랑채로 갈 때 그 문을 통과해야 했습니다.

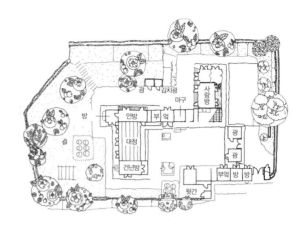

고택 평면도(강선중, 1984년)

대문을 들어서자 사랑채가 보입니다. 이주국 장군의 성품을 닮은 듯 위풍당당하게 자리한 사랑채는 방과 마루, 다락, 아궁이를 짜임새 있게 갖추고 있습니다.

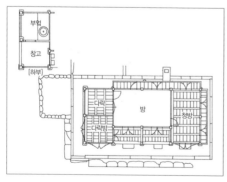

사랑채 평면도

사랑채

용인의 고택과 옛사람들 이야기

사랑채는 바깥주인을 비롯한 남자들의 생활공간입니다. 바깥주인은 이곳에서 생활하며 공부를 하고 자식에게 글을 가르쳤습니다. 또, 손님을 맞이하기도 했고요. 규모가 큰 집에서는 '작은 사랑채'를 지어 아들들이 지내기도 했고, 사랑채를 따로 짓지 못한 농가에서는 대문 가까이에 있는 방을 사랑방으로 사용했습니다.

사랑채 팔작지붕   망와

사랑채 지붕은 팔작지붕입니다. 지붕 위로 글씨가 새겨진 '망와(望瓦)'가 보이네요. 망와는 지붕 중앙에 가장 높이 위치한 수평 마루인 '용마루' 끝에 세우는 기와를 말합니다. 망와에 '건륭 18년 계유일 조작(乾隆十八年癸酉日 造作)'이라 새겨져 있는데, 건륭은 중국 청나라 고종(건륭제) 때의 연호로, 건륭 18년은 1753년, 즉 영조 29년에 지어졌음을 알려 줍니다. 이 망와는 원래 안채 지붕에 있던 것을 가져다가 장식한 것입니다.

정면에서 볼 때, 왼쪽에 다락방이 있고, 가운데는 방과 마루로 사랑 마당을 향해 툇마루를 두고 있습니다. 오른쪽은 청방으로 측면과 뒷면에 판문이 달려 있습니다. 판문을 열면 높은 지형을 활용해서 만든 꽃밭인 화계(花階)의 풍경을 볼 수

사랑채 정면

사랑채와 화계

협문

있어요. 화계 옆의 계단을 따라 올라가면 작은 협문이 있습니다. 문을 여니 텃밭이 보이네요. 지금은 밭이지만 예전에는 이곳에도 다른 건물들이 자리했을 것 같아요.

　대개 다락방은 계단이나 사다리를 이용해서 오르내렸는데, 이곳은 사다리를 이용했을 것으로 보입니다. 사랑채의 처마가 인상적이네요. 처마는 건물 밖으로

사랑채 처마와 다락방

사랑채 다락방

나온 지붕을 말합니다. 시원한 그늘을 만들어 주고, 비나 눈이 벽면으로 들이치
는 것을 막아 주지요.

다락방 창호

다락방 내부

문을 열고 방 안을 보니 양편의 창호 모두 네 짝의 띠살문을 달고 있습니다. 창
호를 열어젖힌 다락방은 누각의 기능을 했겠지요. 이곳을 바라보고 있으니 불현듯

떠오르는 그림이 있습니다. 조선 후기의 도화서(圖畵署) 화원이었던 김희겸(金喜謙)이 그린 〈석천한유도(石泉閒遊圖)〉라는 작품인데, 그림의 주인공인 석천 전일상(田日祥, 1700~1753) 역시 영조 대에 활약했던 장군입니다. 실존 인물이 등장한 사실적인 풍속화로 18세기 무관들이 여가를 어떻게 즐겼는지 잘 보여 줍니다.

그림은 무더운 여름날 전일상 장군이 누정(樓亭)에서 더위를 피하며 여가를 즐기는 장면을 생생하게 형상화했어요. 그는 난간에 기대어 앉은 채 손등에 매 한마리를 얹고 자연을 바라보고 있습니다. 우람한 체구의 장군 앞에는 서책과 함께 문방사우, 즉 종이와 붓, 먹, 벼루가 놓여 있어요. 누정 기둥에는 칼한 자루가 걸려 있습니다. 장군 곁에서 시중드는 여인들과 누정 아래물가에서 장군의 말을 씻기는 마부도 보입니다. 유유자적하며 휴식을취하는 장면에서도 장군의 위세와풍류가 잘 드러납니다.

김희겸, 〈석천한유도〉, 1748년,
비단에 채색, 119.5×82.5㎝

(자료 제공: 홍주성역사관, 위탁보관 · 원소장자: 전택수, 담양전씨 보령공파)

이주국 장군 고택의 다락방 역시 창호가 활짝 열린 상태라면 건물 안에 있지만밖에 있는 것 같은 기분이 들겠지요. 다락방의 모든 문을 열고 자연을 바라보며한가로운 시간을 보냈을 이주국 장군을 상상해 봅니다.

용인의 고택과 옛사람들 이야기

사랑채 구들

이 다락방 뒤로는 다락이 있고, 다 락방과 다락 아래에는 아궁이와 창고 가 있습니다. 아궁이에 불을 때면, 방바닥 아래에 만든 터널로 불기운이 지나가면서 방이 따뜻해지는데, 터 널 위에 평평한 돌을 얹고 진흙을 발 라서 연기가 새지 않고 열기는 유지

주춧돌과 디딤돌

되도록 했습니다. 연기는 굴뚝을 통해 밖으로 빠져나갑니다.

주춧돌과 디딤돌도 볼까요? 주춧돌은 나무 기둥 밑에 있는 돌을 말해요. 땅속 의 수분이 기둥에 스며들지 못하게 하지요. 디딤돌은 툇마루로 편히 오르내리도 록 놓아 둔 돌을 말합니다. 잘 다듬은 돌로 주춧돌과 디딤돌을 삼았습니다.

고택 안쪽에는 'ㄱ' 자 형태의 안채와 안마당이 있습니다. 안채 왼쪽에는 건넌 방, 가운데에는 대청이 있고, 대청 오른쪽에는 안방이 있습니다. 꺾인 날개채에는 부엌과 창고가 있는데, 부엌과 창고는 개조해서 사용 중입니다.

안채에서는 안주인을 비롯한 여자들과 어린 자녀들이 지냈습니다. 안채는 대개 대문에서 멀리 떨어진 곳에 위치했어요. 집 안쪽에 있다보니 외부인이 쉽게 접

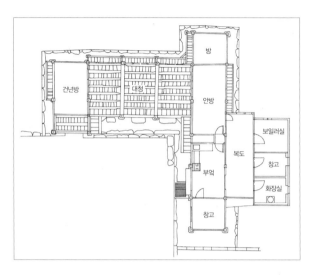

안채 평면도

근할 수 없었지요. 이러한 구조에서 여자들은 남편이나 친척 이외의 다른 남자들을 만나기 어려웠습니다. 동시에 여자들만의 독립적인 공간을 만들 수 있었어요.

조선 시대에 안주인은 바깥주인에게 하대받는 존재가 아니었습니다. 서로 맡은 일이 달랐고, 그 역할을 존중받았습니다. 집안의 여자들은 의식주를 책임지며 가족 구성원의 일상생활이 가능하도록 했고, 제사와 손님 접대에 필요한 음식도 여자들의 손으로 만들었습니다. 즉 '봉제사 접빈객'에 매우 중요한 역할을 담당했지요.

안채 왼쪽에는 반 칸의 툇마루를 낸 건넌방이 있습니다. 방 앞을 누마루처럼 높이고, 마루 밑에 아궁이를 두었습니다. 건넌방 옆은 대청입니다. 대청은 정면 3칸, 측면 2칸으로 총 6칸에 이르는 넓은 공간입니다.

대청 뒤에 판문이 달려 있는데, 모두 열면 바깥 풍경이 보입니다. 고택에는 햇빛과 바람이 들어오고 공기가 통하도록 하는 창과 사람이 드나드는 문이 많이 있

용인의 고택과 옛사람들 이야기

습니다. 창과 문을 합쳐 창호라고 하는데, 창호는 빛과 바람, 사람이 드나드는
통로이면서 풍경을 담는 액자가 됩니다.

안채 건넌방과 대청

대청 천장

대청 창호

마루 아래를 보니, 사랑채의 주춧
돌과 디딤돌처럼 잘 다듬어진 돌로
기단, 주춧돌, 디딤돌을 삼았습니
다. 기단은 집을 지을 때 집터를 반
듯하게 다듬은 다음, 터보다 한층 높
게 쌓은 단을 말합니다. 기단은 건물
의 무게를 바닥에 골고루 전달하도록
했고, 땅에서 올라오는 습기를 막아

기단과 주춧돌, 디딤돌

주었어요. 또한, 집주인이 생활하는 사랑채와 안채는 행랑채나 일반 부속 건물보
다 높게 쌓아 위계질서를 드러냈지요. 이주국 장군 고택의 사랑채와 안채 기단도
행랑채보다 높습니다.

이제 안채 뒤로 가 볼까요? 안채 뒤에 너른 뜰이 있습니다. 햇볕이 적당히 들
고, 바람이 잘 통하는 곳이지요. 이곳에 돌로 높직한 단을 만든 후 장독을 세워

안채 뒤뜰

터줏가리

용인의 고택과 옛사람들 이야기

두고, 꽃과 감나무, 앵두나무, 밤나무를 심었습니다.

　장독대 옆에 짚을 묶어서 만든 터줏가리가 있네요. 터줏가리는 집터를 지키는 터주신을 상징하는 신성한 물체(神體)입니다. 보통 원뿔 모양으로 짚을 엮어 세워 두지요. 이곳은 여자들이 집안의 대소사를 위해 기도하던 곳이면서 여자들의 숨통을 트여 주는 공간이었습니다.

　솟을대문 옆에는 행랑채가 '一' 자로 자리합니다. 행랑채는 대문 양쪽 또는 그 앞에 둘러 세운 부속 집을 말하는데, 대개 하인들의 살림방과 농기구를 비롯한 각종 도구와 물건을 보관하는 창고가 들어갔습니다. 이주국 장군 고택은 대문을 행랑채와 연결했고, 대문과 헛간, 방, 창고로 행랑채를 구성했습니다.

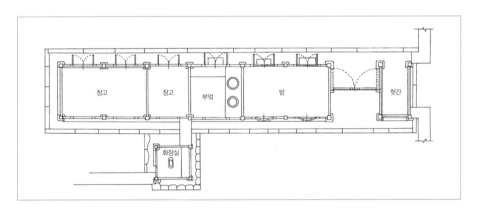

행랑채 평면도

　집 내부에서 보면, 대문 왼쪽으로 1칸의 헛간이 있고, 그 옆으로 담장이 이어집니다. 대문 오른쪽에는 2칸의 방과 부엌, 3칸의 창고가 있고, 행랑채 뒤에는 뒷간, 즉 화장실이 있습니다.

솟을대문 옆 헛간 행랑채

용인 이주국 장군 고택은 조선 후기 사대부가의 격식과 규모를 갖춘 곳이었지만, 집의 규모가 많이 축소되고 본래의 모습을 완전히 알 수 없어 아쉬움이 남기도 합니다. 그렇지만 여전히 이 고택을 지키고 있는 것은 사람의 온기이며 지금 이 순간에도 이 집에서 살아가는 어느 가족의 체취와 역사는 차곡차곡 쌓이고 있습니다. 과거와 현재가 공존하는 이 공간이 오래도록 잘 남아 있기를 기대해 봅니다.

행랑채 맞배지붕

화장실

용인의 고택과 옛사람들 이야기

용인 장욱진 가옥

용인에는 우리나라 근현대 미술을 대표하는 화가 중 하나인 장욱진 화백이 1986년부터 73세의 나이로 세상을 떠난 1990년까지 생활하면서 창작 활동을 했던 집이 있어요. 화가의 마지막 행적이 남아 있는 곳으로 한옥과 양옥으로 구성되어 있습니다.

한옥은 본래 지붕이 이엉으로 된 초가집이었습니다. 안마당을 중심으로 안채와 바깥채가 마주 보며 튼 'ㅁ' 자 모양을 만들고 있는데, 이것은 경기 지역 민가(民家)의 전형적인 특징이기도 합니다. 앞서 한산이씨 음애공파 고택과 이주국 장군 고택을 통해 조선 사대부 문신(文臣)과 무신(武臣)의 집을 보았다면, 이곳에서는 조선 시대에 경기 지역에서 살았던 일반 백성의 집을 구경할 수 있습니다.

장욱진 화백은 1986년에 이 초가를 사서 수리할 때 지붕을 바꿨고, 현재는 개량 기와를 얹은 팔작지붕 집입니다. 워낙 여기저기 손볼 곳이 많아서 주위에서는 이 터에 집을 새로 짓는 것이 좋겠다고 만류도 했지만, 장욱진 화백은 최대한 건물의 원형을 살리면서 수리에 들어갑니다. 그래서 건물 벽체와 내부에 노출되어 있는 목구조(木構造)의 틀이 본래의 모양을 유지하고, 경기도 민가의 원형을 잘 보존하고 있습니다.

30여 년이 지나 가옥 주변은 장욱진 화백이 생전에 보았던 풍경과는 전혀 다른 모습으로 변했지만, 집 안으로 들어서는 순간 시간이 멈춘 듯한 기분이 듭니다. 이것은 한옥의 원형을 간직하고자 했던 장욱진 화백의 생각과 노력이 있었기에 가능했겠지요. 자, 집 안의 모습이 궁금하지요?

안채 앞에서 장욱진 화백
(자료 제공: (재)장욱진미술문화재단)

바깥마당과 바깥채

용인의 고택과 옛사람들 이야기

대문을 들어서면 바깥마당을 만나게 됩니다. 바깥채에는 장욱진 화백이 작업실로 사용했던 사랑방이 있고, 안마당으로 연결되는 문이 있습니다. 문 오른편에는 현재 전시장으로 사용하는 공간이 있습니다. 이곳에는 장욱진 화백이 살아 계실 적에 창고로 썼던 방과 욕실 겸 화장실이 있었습니다.

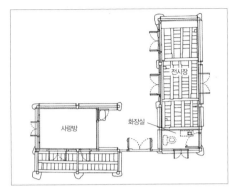

바깥채 평면도

바깥채는 마당 위로 높게 쌓은 잡석 기단 위에 있습니다. 대지의 경사도를 낮추기 위해 고안된 방법으로 보입니다. 사랑방 앞 툇마루는 바깥마당과 마을길을 향해 개방되어 있고, 마루 밑으로 짧고 튼튼한 기둥을 여러 개 세워서 무게를 받치고 있습니다. 비교적 높은 곳에 자리했기에 장욱진 화백은 생전에 이곳에 앉아 법화산을 바라보고, 담 너머 개울이나 논밭을 내려다볼 수 있었습니다.

툇마루에는 '관자득재(觀自得齋)'라고 쓰여 있는 현판이 달려 있습니다.

바깥채

사랑방 툇마루

'스스로 보고 얻는다'는 뜻이지요. 그 위로 서까래의 선이 매우 자유롭지요. 서까래와 서까래를 받치는 도리, 그리고 '세살문'의 선이 어우러져 하나의 작품처럼 보입니다. '세살'은 일정한 간격으로 세로살이 이어지고, 문의 윗부분과 중간, 아랫부분에 띠 모양으로 가로살을 댄 문을 말합니다.

마루의 나무 기둥도 볼까요? 자세히 보면, 어느 부분을 잘라 낸 후 새 부재를 이은 흔적이 보입니다. 장욱진 화백은 목구조의 틀을 그대로 유지하고, 가능하면 본래의 재료를 활용하기 위해 나무 기둥도 썩은 부분만 잘라 내고 다른 나무를 이어서 사용하는 방식으로 집을 꾸몄습니다. 주춧돌은 자연석을 사용했지요.

사랑방 옆에 있는 문을 통과하면 왼편에 방문이 보입니다. 문이 매우 작지요? 문을

나무기둥   나무기둥

문   사랑방 앞

용인의 고택과 옛사람들 이야기

열어 보니, 아담한 크기의 사랑방이
나옵니다. 이 작은 방에서 장욱진 화
백의 수많은 그림이 탄생했습니다.

방문을 닫고 밖으로 나오니 사각형
모양의 안마당이 보입니다. 먼저 문
의 오른쪽을 볼까요? 이곳은 원래 소

사랑방 내부

를 키우던 외양간과 광이었습니다. 장욱진 화백은 이곳을 작은 방과 화장실 겸
욕실로 바꿨습니다. 이 공간은 장욱진 화백이 돌아가신 후 다시 수리를 해서 작
은 전시장이 되었답니다.

안마당과 안채

전시장

바깥채의 건너편은 안채입니다. 안채의 중앙에는 2칸 규모의 대청이 있습니다.
앞쪽은 개방되어 있고, 뒤쪽은 여닫이 판문이 달렸습니다. 대청 오른쪽에는 건넌

방과 벽장이 있고, 대청 왼쪽에는 2칸
규모의 안방이 있습니다.

안방 옆으로는 부엌이 있는데, 안
방과 부엌이 연결된 벽에 반 칸 규모
의 벽장도 설치되어 있습니다. 안채
규모와 비교해서 부엌이 상대적으로
크지요? 집을 수리할 때 장욱진 화백
의 아내 이순경 여사께서 집안일을
편하게 하시도록 입식 부엌으로 바꿨
다고 합니다. 그리고 부엌 위에는 환
기를 위한 창이 있습니다.

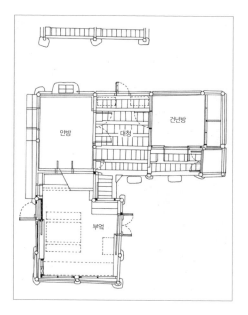

안채 평면도

사랑채가 외부를 향해 열려 있는 공간이라면, 안채는 조용하고 폐쇄적인 느낌
이 강합니다. 여기에 부엌 벽면에는 짙은 색깔의 판자를 덧대어 견고한 느낌도

안채 대청

안채 부엌

용인의 고택과 옛사람들 이야기

듭니다. 하지만 너무 엄숙하거나 무겁지만은 않습니다. 휘어진 나무는 휘어진 대로 길이와 모양이 제각각인 나무를 사용해서 지붕과 기둥을 만들었는데, 이렇게 자유로운 움직임이 건물에 생기를 불어넣고 있거든요. 마치 장욱진 화백의 자유분방하면서도 간결한 선묘를 연상시킵니다. 여기에 다양한 크기와 모양의 창호가 더해져서 집의 표정을 더욱 풍부하게 만듭니다. 건넌방과 안방 사이에 놓인 '뒤주'도 작품의 일부로 보이네요.

뒤주

안채 뒤에는 뜰이 있습니다. 부엌과 안방 뒤쪽으로 장독이 옹기종기 모여 있는 장독대가 있고, 물을 끌어다 쓸 수 있는 시설이 있습니다. 안주인이 살림을 하며 옥외 공간으로 활용했던 장소이지요. 안방 뒤편에 길게 설치한 쪽마루도 간단한 일을 하거나 잠시 쉴 수 있는 공간이었습니다. 안채 대청과 건넌방 뒤의 공간도 꽤 넓습니다.

뒤뜰

자, 이렇게 장욱진 화백의 자취가 남아 있는 한옥을 둘러보았습니다. 평생 자연을 벗 삼아 소탈한 삶을 사신 장욱진 화백을 많이 닮아 있네요.

한산이씨 음애공파 고택, 이주국 장군 고택 그리고 장욱진 가옥에는 그곳에서 살다 간 사람들의 삶과 세월의 흔적이 남아 있답니다. 글과 이미지로 만나 본 고택을 직접 방문해 보면 어떨까요? 집을 천천히 둘러보면서 구조를 살펴보고, 집의 매력과 특징을 하나하나 알아 가는 재미가 쏠쏠하답니다.

고택은 그 자체로도 의미가 있지만 각각 다른 이야기를 품고 있어서 더 매력적인데요. 지금부터 용인의 고택, 그 이야기 속으로 떠나 볼까요?

쪽마루

안채 대청과 건넌방 뒤편

첫 번째

옛집 이야기

혼란의 세월을 견뎌 낸 한산이씨 · 음애 이자

정선화 · 김난경

고요한 고택서 폭풍같이 살았던 한산이씨

경기도 용인시 기흥구 지곡동 마을에 길게 흐르고 있는 지곡천을 따라가다 보면 여러 상점들 사이에 눈에 띄는 옛집 하나가 우두커니 자리 잡고 있습니다. 바로 음애 이자(1480~1533)와 그의 후손들이 살았던 고택입니다. 이 옛집은 본래 음애 이자 선생이 살던 곳이라 하여 '(전)음애이자고택'으로 불리었으나 여러 차례 공사를 거치면서 조선 전기 가옥 형태는 사라지고 조선 후기의 모습만 보이고 있습니다. 현재는 '한산이씨 음애공파 고택'으로 그 명칭을 바꾸고 경기도 민속문화재 제10호에 지정되어 있습니다.

몇 차례 공사가 이루어지긴 했지만 예스러움을 간직하고 있는 고택과 그 뒤에 우두커니 자리하고 있는 보라산의 조화로움이 무척이나 아름답게 느껴집니다. 고택 곳곳에 옛것 그대로가 남아 있는 공간들을 둘러보다 보면 이곳에 살다 간 사람들의 모습을 그려 보게 됩니다. 고요한 고택, 그곳에서 폭풍과 같이 살았던 한

용인의 고택과 옛사람들 이야기

한산이씨 음애공파 고택

산이씨 사람들의 이야기가 궁금해집니다.

음애 이자 선생을 비롯한 한산이씨 일가가 용인시 지곡동 마을에 어떻게 터전을 잡게 되었을까요? 한산이씨 가문의 이야기와 함께 지곡동과 음애 이자에 관한, 그 실타래와 같은 이야기를 풀어 보도록 하겠습니다.

한산이씨(韓山李氏)는 충청남도 서천군 한산면이 본관(本貫)입니다. 본관은 성씨가 처음 나오게 된 지역, 즉 성씨의 고향이라고 할 수 있습니다. 한산이씨의 경우 충청남도 서천군 한산면이 본관이므로 한산면에서 세력을 이뤄 권력을 가진 조상이 지역의 이름을 성씨로 삼은 것이라고 할 수 있습니다.

한산은 서천 지역의 옛 이름입니다. 한산이씨는 한산 지역에서 권세와 부(富)를 가진 지방 토착 씨족 집단인 토성(土姓)이었습니다. 한산이씨는 뿌리

『한산이씨세보(韓山李氏世譜)』, 23×34.6cm
(자료 제공: 국립민속박물관)

는 같지만, 그 시조가 다른 두 계파로 나눠진 성씨이기도 합니다.

하나는 고려 충숙왕 때 원나라에 가서 과거에 급제하여 높은 관직에 올랐던 고려 말 학자인 이곡의 5대조인 이윤경을 시조로 하는 '호장공계(戶長公系)'입니다. 다른 하나는 고려 충렬왕 때 관직에 올랐던 고려 말에서 조선 초 문신(文臣)인 이무의 3대인 이윤우를 시조로 하는 '권지공계(權知公系)'입니다. 두 계파의 시조인

용인의 고택과 옛사람들 이야기

'이윤경과 이윤우'에 대해서는 두 사람이 형제라는 주장과 그렇지 않다는 주장이
혼재되어 정확한 사실은 알 수 없습니다.

한산이씨 건지공계의 족보 머리말의 한 대목을 살펴보겠습니다.

> "여러 대에 걸쳐 독자로 자손이 영세하여 근래 더욱 현달한 분이 없으므
> 로 세상에서는 가정 · 목은의 자손만은 한산이씨로 알고 우리 파는 근근
> 이 대를 이어 왔으므로 아는 이가 드물다."

머리말의 기록을 보면, 한산이씨는 건지공계보다 호장공계인 이곡과 이색 부
자(父子)의 후손이 크게 번창해 왔음을 알 수 있습니다. 두 사람이 명성을 떨친
이래 현재까지 충청남도 서천군 한산에 그 자손들이 거주하고 있는 뿌리 깊은 성
씨라고 할 수 있습니다. 한산이씨는 한산 지역의 역사를 떼어서 설명할 수 없을
만큼 한산 지역에서 가장 영향력 있는 토박이 성씨입니다.

고려의 충신 이곡과 이목, 조선 초 성리학의 스승

한산이씨를 거듭 명문 반열에 올린 대표적인 인물은 가정 이곡과 목은 이색입니다. 이곡과 이목은 부자지간이지요. 가정 이곡은 어려서부터 행동이 범상치 않았으며, 일찍이 학문에 흥미를 보여 남들보다 빠르게 다양한 책들을 습득하였습니다. 1317년 고려 충숙왕 때 과거 예비 시험에 합격하여 관직을 얻게 됩니다. 이후 원나라 과거에도 급제하여 원나라에서도 이름을 널리 알리게 되죠.

이곡은 원나라에 있을수록 자신의 나라인 고려의 실정에 매우 마음 아파했습니다. 당시 고려는 원나라의 요구로 고려의 여자들을 원나라로 시집보냈는데, 이를 금지할 것을 건의하기도 하였지요. 이곡은 유학의 이념으로써 현실 문제에 적극적으로 저항하는 사람이었으나, 쇠퇴하고 있었던 고려 정권에서 그의 이상은 끝내 실현되지 못하였습니다.

이곡은 『가정집』, 『동문선』 등의 문집을 통해 많은 문학 작품을 썼습니다. 특히 그는 시 짓기를 좋아했으며, 자연을 소재로 노래한 작품이 많습니다. 원나라와 고려를 여섯 번이나 오가는 동안 자연과 접할 기회가 많았으며, 힘든 시간을 보낼 때마다 자연을 통해 위로를 받거나 감정을 해소하는 데 도움을 받았기 때문이라 할 수 있습니다.

그의 시에서 자연을 매개로 하여 자연스레 발산되는 인생무상적인 태도와 인생을 돌아보는 자세, 내면의 정화 등은 당시 쇠퇴하고 있었던 고려 정권이라는 현실적 한계에서 오는 좌절감, 원나라 타향살이에서 겪는 고독함, 고향에 대한 그리움을 시로 표현해 낸 것으로 보입니다.

馬首關東路欲窮　말 머리 향한 관동 길 이젠 끝나려 하는데
奇觀過眼旋成空　절경도 지나고 나면 언제 내가 보았는지
一燈古館蓮江雨　하나의 등불 고관에 강 가득 빗줄기요
九月荒城落木風　만추의 계절 황성에 낙엽 지는 바람이라
寂寞舊交聞笛裏　피리 소리 듣자니 적막해라 옛 친구들
踐吃世事倚樓中　누대에 기대노니 뜻 같지 않은 세상일
幾人塵土懷淸賞　진토에서 청아한 정취 느낄 자 몇이나 될까
魚在深池鶴在籠　연못 속의 물고기요 새장 속의 학과 같은걸

위의 시는 『가정집』 20권에 수록된 작품입니다. 이곡이 자신의 평생을 돌아보며 말년에 지은 작품이기도 합니다. 첫 행에서 시적 자아가 관동 유람을 마치는 아쉬움을 언급한 것을 보아 대략 1351년 충정왕 3년에 지은 시임을 알 수 있습니다.

'절경도 지나고 나면 언제 내가 보았는지'라는 구절은 아름다운 풍경을 다시 볼

수 없다는 아쉬움을 이야기하고 있습니다. 동시에, 나이 든 노년의 마음과 현실적인 위험에 대해 언급하고 있다고 해석할 수 있습니다. 또한, 옛 친구들과 뜻대로 되지 않았던 세상일 등을 떠올리며 자신이 걸어온 길을 돌아보기도 합니다.

마지막 구절에서 세상 사람들을 연못 속의 물고기와 새장 속의 학에 비유한 것은 모순된 사회구조 속에서 관료 생활이 만들어 낸 구속적인 삶을 살았던 자신의 인생을 돌이켜 보는 것으로 해석할 수 있습니다. 이처럼 이곡은 자연을 통해 자신을 반성하기도 하고, 무언가를 깨닫기도 하였으며, 자연이 주는 아무 대가 없는 치유를 받기도 하였습니다.

목은 이색은 고려 말에서 조선 건국으로 넘어가는 역사적 변동기에 학문과 철학적 판단의 기반이 된 인물입니다. 이색은 아버지 이곡의 학문과 가문의 배경 아래 성장했지만, 이곡은 오랫동안 원나라에 있었으므로 무엇보다 어머니의 헌신적인 교육을 받으며 성장하였습니다.

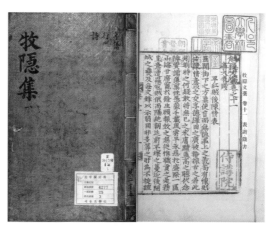

이색의 『목은집(牧隱集)』
(자료 제공: 한국민족문화대백과사전, 저작권: 한국학중앙연구원,
소장처: 서울대학교 규장각)

13세 어린 나이에 1차 과거 시험인 성균관시에 합격한 뒤, 19세에 원나라로 유학을 가게 됩니다. 그곳에서 이색은 학문적 깊이와 국제적 감각을 기를 수 있었습니다. 특히 이색은 유학 생활 중 학자감(學子監)에 생원으로 입학하여, 당시 중요한 학자 중 한 사람이었던 구양현(歐陽玄)을 만나 가르침을 받게 됩니다. 구

양현과 이색의 만남은 처음부터 순탄하지는 않았던 것으로 보입니다. 이들의 만남은 서거정의 『동인시화(東人詩話)』에 기록되어 있는데, 이 부분을 살펴보겠습니다.

스승 구양현과 괴시(槐市) 마을

구양현은 이색이 고려에서 천재라는 소리를 들었을지라도 그를 그저 애송이 촌 뜨기로 여겼습니다. 구양현이 그렇게 생각했던 것은 이색이 중국말을 제대로 하 지도 알아듣지도 못하였기 때문입니다. 그래서 실력보다는 아버지 뒷배로 학자 감에 들어온 것이라고 짐작하였습니다.

어느 날 구양현은 옆에 있는 이색에게 대놓고,

"세상이 어지러워 금수의 발자국이 중국에 가득 찼다(獸蹄鳥跡之道交於中國)."

라고 맹자의 시구를 읊조리며 이색을 바라보고 혀를 '쯧쯧쯧' 찼습니다. 구양현 의 무시와 멸시에 이색은 곧바로 들으라고

"개 짖고 닭 우는 소리 사방에서 들려오네(犬吠鷄鳴之聲達于四境)."

라고 받아쳤습니다. 이에 구양현이 기가 찬 듯 또다시

"잔을 들고 바다에 들어가니, 바다가 큰 줄 알겠네(持盃入海知多海)."

라고 하자 이색은 다시 당당한 목소리로

용인의 고택과 옛사람들 이야기

"우물에 앉아 하늘을 보고 하늘을 작다 하네(坐井觀天曰小天)."

라고 읊으며 구양현을 바라보고 말하였습니다. 구양현은 그런 이색의 기세와 시를 짓는 솜씨에 감탄하여 '내가 졌다'며 이색에게 미안한 마음과 함께 화해를 청하였습니다.

이후 이색은 구양현 밑에서 공부를 하며 과거 시험을 준비하였습니다. 이색은 구양현을 학문적 스승으로 여겼으며 인간적 면모까지도 존경했던 것으로 보입니다.

이색이 유학을 마치고 고향인 고려로 돌아가던 길에 구양현이 사는 '괴시(槐市) 마을'을 잠시 들른 적이 있습니다. 괴시 마을의 자연환경을 둘러본 그는 자신이 태어난 고향인 영해의 호지촌과 비슷하다고 생각하여, 호지를 '괴시'라고 바꾸었습니다. 현재까지도 경상북도 영덕 영해면의 이색 고향 마을의 이름을 '괴시리'라고 부르며, 이색을 기억하며 기리고 있습니다.

고려로 돌아온 이색은 개혁적인 정책을 단행하게 됩니다. 1352년 공민왕 1년에 논밭에 대한 제도 개혁, 국방 계획, 교육 진흥, 불교 억제 등 잘못된 것을 바로잡기 위한 개혁안을 올립니다. 이 밖에도 고려 시대 교육기관인 성균관의 기관장이라고 할 수 있는 대사성(大司成)의 직위에 올라 신유학의 보급과 발전에 공헌하여 고려에 새로운 활기를 북돋아 주고자 하였습니다.

그러나 개혁보다 더한 개혁을 원했던 사람들로 인해 고려는 격변과 혼란의 연속이었습니다. 공교롭게도 이색의 제자들이 한쪽은 고려 왕조에 충절을 다짐한 정몽주, 길재, 이숭인, 다른 한쪽은 고려를 무너뜨리고 조선 왕조 창업을 이룩하고자 하는 정도전, 하륜, 윤소종, 권근 등으로 갈라져 격변의 시대를 만들었습니다.

결국 1388년 요동정벌군의 장수였던 이성계와 조민수가 압록강에 위치한 위화도에서 군사를 돌려 정치적 변동을 일으키고 권력을 장악한 사건인 '위화도 회군(威化島回軍)'이 발생 되었습니다. 이듬해 7월 17일 정도전, 길재 등을 비롯한 이색의 제자들인 신진사대부들이 주축이 되어 조선이 건국됩니다.

이색은 고려를 마지막까지 지탱해 보려 했지만, 나라의 운이 다한 것은 어찌할 수 없었으니 그는 여주에서 유배된 상태에서 조선 건국의 소식을 듣게 됩니다. 이색의 제자들이 주축이 된 조선의 건국은 성리학을 국가의 이념으로 삼았기에 아이러니하게도 이색의 학문이 조선 초·중기에 성리학 발전에 큰 영향을 끼치게 되었습니다.

이색의 학문을 정몽주와 길재가 계승하였고, 이를 김종직, 변계량 등이 이어받아 조선 초기 성리학의 주류학파를 이루었습니다. 또한, 이 계보는 김굉필, 조광조 등의 중종 시대에 사회와 정치를 주도한 세력이었던 사림파(士林派)까지도 이어졌습니다.

문헌서원 (자료 제공: 한국민족문화대백과사전)

용인의 고택과 옛사람들 이야기

혼란스러운 격동의 시대를 성실히 감내한 한산이씨 가문은 이곡·이색 부자를 기리는 활동을 중심으로 문집 발간, 족보 간행, 사원과 조상의 신주(神主)를 모시는 사우(祠宇) 건립 등을 진행하였습니다. 그중 현재 널리 알려진 것이 문헌서원(文獻書院)인데, 서원(書院)은 조선 시대에 선비들이 모여서 학문을 강론하고, 학식이 깊은 사람이나 충성스러운 절개로 죽은 사람을 제사 지내는 장소를 말합니다.

문헌서원은 한산이씨의 이름난 조상들 중 어질고 사리에 밝은 인물 8명의 제사를 모시는 서원으로, 1984년 5월 17일자로 충청남도 문화재자료 제125호로 지정되었습니다. 문헌서원에서는 현재 이곡, 이색, 이종덕, 이종학, 이종선, 이맹균, 이개, 이자 등 한산이씨 명조 선현 8위에 대해 제사를 지내고 있습니다.

용인으로 이주해 온 계파는 이색의 둘째 아들인 이종학에서 이숙묘, 그리고 이형증으로 이어지는 계통의 가계입니다. 인재(麟齋) 이종학(李種學)을 한산이씨 계파에서 갈라져 나온 한 계파의 첫 번째 조상으로 삼는 파시조(派始祖)로, 그의 호를 따서 인재공파로 불리게 됩니다. 한산이씨 인재공파는 이종학의 손자인 이형증 이후 용인으로 주거지를 옮겨 왔다고 합니다.

용인으로 삶의 터전을 옮긴 한산이씨는 또 어떠한 격변의 세월을 맞게 될까요? 현재 용인 기흥구 지곡동에 위치한 한산이씨 음애공파 고택이라고 불리는 이 옛집은 어떤 이야기를 품고 있을까요?

이 옛집의 주인은 음애(陰崖) 이자(李耔)입니다. 목은 이색의 5대손으로 한산이씨 가문을 대표하는 인물 중 한 명이지요. 또한, 조선 중기의 문신·학자로 조

용인 한산이씨 음애공파 고택 전경 (자료 제공: 한국민족문화대백과사전)

한산이씨 음애공파 고택

용인의 고택과 옛사람들 이야기

음애 이자 초상 (일러스트: 유정자)　　　목은 이색 초상 (자료 제공: 국립중앙박물관)

광조와 함께 개혁정치를 펼쳤던 인물이기도 합니다.

　이자는 특히 이곡과 이목을 매우 존경하고 그들의 학문과 인품을 본받고자 하였습니다. 그는 자신의 저서 『음애집(陰崖集)』 「자서(自敍)」에 이곡·이색을 합해 "문장과 덕행이 드러나서 한 나라의 표본이 되었다."고 이야기했습니다. 이외에도 「별인(別人)」이라는 시에서 "가정·목은 조상의 유래를 내가 지켜 오고 있다고는 하지만, 선조의 업적을 무너뜨리지 않는 그대에 견주면 도리어 부끄럽다네." 라고 한 것을 보면, 이곡·이색 두 선조에 대한 강한 자부심이 드러나는 대목이라 할 수 있습니다.

현실과 이상 사이, 개혁정치를 꿈꾸다

이자는 1480년 성종 11년 서울에서 태어납니다. 아버지 이예견의 근무지를 따라 영남, 관동 등 각지를 돌아다니며 성장했지요. 일찍이 이자는 효령대군의 증손인 이심원(李深源) 아래에서 학문을 배우게 됩니다. 그래서인지 스승인 이심원이 연산군 말년 간신 임사홍(任士洪)에게 모함을 받아 억울하게 갑자사화 때 죽음을 당한 것을 목격하면서 어려서부터 남의 어려움이나 억울함을 지나치지 못하고, 자신을 희생하는 의로운 마음이 강한 성격이었다고 합니다.

그가 14세 되던 해에는 국정 폐단이 난무한 연산군의 정치와 간신들이 권력을 쥐고 제 마음대로 쥐락펴락하던 어지러운 세상이었습니다. 어린 이자는 이러한 상황을 못마땅하게 여기고 탄식하며,

"내 비록 어리지만, 왕께서 간악한 무리에 둘러싸여 정사를 제대로 펴지 못하는 것을 내 어찌 두고만 볼 수 있겠습니까? 간신들의 극악스러운 악행을 하나하나 알리고자 합니다."

이자는 열정의 뜨거운 피를 주체하지 못하고 눈물을 머금으며, 백성의 고통을 알리는 만언소(萬言疏)를 지어 올리고자 하였습니다. 비록 아버지의 지극한 만류에 결국 올리지 못했지만, 이자의 의로운 성품과 젊은 유학자의 기품이 일찍부터 엿보인 일화라 할 수 있습니다.

1501년 연산군 7년, 이자는 22세의 나이로 첫 과거 시험 관문인 초시(初試)에 합격 후 3년 뒤에 두 번째 과거 시험인 복시(覆試)에 장원급제를 하게 됩니다. 이후 명나라에 정규적으로 파견되는 사절단인 천추사(千秋使)의 사신으로 임명되어 북경에 다녀온 후, 중앙 행정기관인 육조(六曹)의 으뜸이라 할 수 있는 인사를 담당하는 이조정랑(吏曹正郎)의 벼슬에 오르게 됩니다.

그러나 이자는 연산군의 부패한 정치에도 불구하고 마지못해 공직에서 일하고 있는 자신의 처지를 한탄하고는 했습니다. 그때 아버지가 연산군의 미움을 사 성주 지역의 지방관으로 좌천되자, 이자는 부친을 모셔야 한다는 이유로 스스로 청하여 지방에서 근무하는 관직으로 옮겨 내려갑니다. 부패하고 포악한 중앙정치를 벗어나 백성의 삶 속에서 실천적인 이상(理想) 정치를 소박하게나마 실현해 보고자 한 것입니다.

연산군의 폭정과 성리학 질서에 어긋한 행동을 참지 못한 성희안, 박원종 등이 1506년에 연산군을 몰아내고 성종의 둘째 아들인 진성 대군을 왕으로 추종하는, 이른바 중종반정(中宗反正)이 일어나게 됩니다. 이자는 중종반정과 함께 다시 서울로 올라와 중요 관직을 담당하게 됩니다. 1514년 중종 9년에 여러 관직을 거쳐 정3품에 해당하는 핵심적인 자리인 부제학에 이르렀습니다.

이때부터 이자는 오랜 벗인 조광조와 함께 그동안의 부패한 정치적 풍토를 새롭게 고치고, 유교 이념을 바탕으로 한 이상주의 국가 건설에 적극적으로 나서 개혁을 단행하기 시작했습니다. 이자가 그의 정치적 생애에 가장 큰 영향을 주었다고 할 수 있는 조광조와 언제 처음 만났는지는 불분명합니다. 그러나 곳곳에 남아 있는 기록에서 그들의 우정과 결속을 엿볼 수 있습니다.

그들은 16세기 초 함께 용인의 음애 선산 부근에 사은정(四隱亭)이라는 정자를 세우기도 합니다. 정자를 사은이라 한 것은 '은거하면서 농사짓고, 나무하고, 고기를 낚고, 약초를 캐는 네 가지 즐거움의 뜻을 취한다'는 안빈낙도(安貧樂道)의 삶을 의미한 것입니다. 사은정에서 조광조, 조광보, 조광좌, 이자는 함께 학문을 논하고, 유학자이며 동시에 위정자로서 조선의 개혁과 백성의 풍요로운 삶에 대해 함께 밤이 늦도록 토론하며 생각을 나누었다고 합니다.

사은정 (자료 제공: 한국향토문화전자대전 / 한국학중앙연구원)

용인의 고택과 옛사람들 이야기

이자와 조광조는 용인이라는 같은 지역적 연고를 통해 서로 알고 친하게 지냈음을 알 수 있습니다. 이러한 그들의 평소 관계는 이후 중종 10년 조광조가 벼슬에 올라 개혁정치를 추진함에 있어서 두 사람 사이에 공고한 결속을 가져오게 하는 원동력이 되었습니다.

이자와 조광조는 유교의 사상과 이념을 정치·경제·교육 등 모든 분야에서 실제로 실현하여, 태평성대의 상징인 요순(堯舜)시대와 같은 이상적인 세상을 만들어 보고자 하였습니다. 그들은 이상 정치에는 이상적인 왕이 존재해야 하므로, 중종을 옳은 길로 인도하겠다는 생각에 중종에게 임금과 신하가 유교 경전이나 사서를 읽고 토론하는 경연(經筵) 자리를 하루에 4번씩 갖도록 합니다.

조광조와 이자를 포함한 사림파는 더욱 신속한 개혁을 단행하고자 합니다. 왕궁 내에 도교 신앙의 제사를 집행하는 소격서(昭格署)에 대해 성리학적 의례에 어긋난다며, 소격서 철폐를 강력하게 이야기합니다. 그러나 중종은 태종부터 내려온 왕실의 의례이므로 소격서 철폐를 주저하면서, 사림의 강력한 주장에 그저 '대신(大臣)들과 시간을 두고 다시 의논하겠다.'는 애매한 답만을 내놓게 됩니다.

소격서 혁파 논쟁이 1년이 지나지 않은 상황에서 사림은 전국의 반정 공신들을 다시 조사하여 부당한 공신의 혜택을 받는 이들을 명단에서 삭제시켜야 한다는 위훈(僞勳) 삭제를 힘껏 주장하고 나섭니다. 이러한 주장은 반정을 성공시킨 반정공신(反正功臣) 집단을 무력화시키고자 한 속셈도 있었지만, 이들은 개혁을 방해하고 현 상태만을 유지하려고 하는 집단이라고 생각했기 때문이죠. 조광조와 이자를 비롯한 사림들은 매일같이 중종에게

"전하, 훈구대신들은 아무 일도 하지 않고, 자신들의 세력만 키우려는 모습만

을 보입니다. 그들이 일도 하지 않으면서 녹봉을 챙기는 모습은 농부가 농사일도 하지 않으면서 가을에 풍성한 과실과 한 아름 누런 벼를 갖고자 하는 어리석은 마음과 같사옵니다."

라고 주장하며 그들의 녹봉을 삭감할 것을 강력하게 요청하게 됩니다. 결국 중종을 설득하여 공신 중 76명의 공로를 삭제하게 됩니다. 이는 반정공신집단의 강력한 반발을 야기하며, 훗날 사림파와의 극심한 대립으로 인해 벌어지는 '기묘사화(己卯士禍)'라는 사건을 촉발시키는 원인이 됩니다.

조광조와 이자로 대표되는 사림파는 더욱 개혁에 박차를 가하게 됩니다. 그들이 생각하는 유교 이념이 나라 안 모든 곳에서 실현되는 이상 국가를 만들기 위함이죠. 그러나 급진적인 개혁에 피로감을 느낀 중종은 남곤, 홍경주, 심정의 계략을 믿게 되면서 상황은 역전됩니다. 그 이후 남곤, 김전, 이유청이 각각 중요한 관직에 임명되면서 '기묘사화'가 벌어지게 됩니다.

기묘사화는 사림파에 속하는 젊은 개혁 정치인들이 많은 죽임을 당하는 사건입니다. 당연히 조광조도 죽음을 맞게 되죠. 조광조와 함께 사림파 안에서 영향력을 가진 이자 역시 죽음을 맞는 것이 당연한 수순이었습니다. 그러나 이자는 죽음도 유배를 떠나는 것도 아닌 파직으로 마무리됩니다.

이자가 기묘사화에서 기적같이 살아난 그 이유에 대해 흥미로운 이야기가 하나가 전해지고 있습니다. 이야기는 역대 인물들의 일생이나 일화들을 모아 엮어 놓은 책인 『대동기문(大東奇聞)』에 전해집니다.

용인의 고택과 옛사람들 이야기

인간의 성품이 곧 하늘의 이치(天理)라 했으니

1518년 중종 13년에 이자는 종계변무(宗系辨誣)를 수정하는 일로 종계변무 주청부사로 임명되어, 남곤·한충 등과 함께 명나라에 사절단으로 가게 되었습니다. 종계변무는 조선 건국 초기부터 선조 때까지 200여 년간 명나라에 태조 이성계의 계통이 고려의 타락한 신하 이인임의 후손이라고 잘못 기록된 것을 시정해 달라고 요청했던 사건을 말합니다. 그래서 이자는 남곤·한충과 함께 중종의 명령에 따라 명나라의『태조실록』과『대명회전(大明會典)』내용의 개정을 요구하러 간 것입니다.

그런데 명나라에 함께 간 반정공신 중에서 대단한 세력을 갖고 있었던 남곤이 긴 여행으로 인해 매우 심한 병에 걸려 앓아눕는 일이 생겨났습니다. 그러자 사림파에 속하는 한충은 간호할 생각은 전혀 하지 않고, 남곤의 간사함을 미워하며 그가 죽도록 내버려 두자고 이자를 설득하려 했습니다.

"저놈이 죽지 않으면 반드시 젊은 선비들의 씨를 없애고 말 것이다."

그러나 이자는 다르게 말했습니다.

"이 간사스러운 인간이 죽는 것은 애석하지 않으나, 만 리나 되는 타국에 함께 와서 죽어 가는 것을 보고 있으면서 어찌 그를 구하지 않는단 말이오. 인간으로서 도리가 아니오."

이자는 한충의 말에도 흔들림 없이 남곤을 정성스럽게 간호하여 낫게 했습니다. 그 뒤 기묘사화가 일어났을 때 이자와 한패인 사람들은 모두 죽거나 유배를 갔지만, 이자만이 잡혀갔다가 석방이 된 것은 남곤이 지난날 간호받은 일을 잊지 않았기 때문입니다.

이 이야기는 기묘사화의 일로 끝을 맺습니다. 극심히 대립했던 정치적 원수를 정성껏 병이 낫도록 도와주었던 이자의 마음이 곧 성인군자라 할 수 있을 것입니

용인의 고택과 옛사람들 이야기

다. 또한, 극심한 정치적 대립과 혼란 속에서 살육이 자행되었던 기묘년의 상황 속에서도 그 은혜를 잊지 않고 이자를 살려 낸 남곤 역시 성인군자의 마음에서 행동한 것입니다. 사람과 사람이 인간답게 더불어 사는 것이 곧 태평성대일 것인데, 무엇 때문에 기묘사화와 같은 무서운 일들이 역사적으로 반복해서 생겨나는 것일까요?

남곤은 기묘사화로 조광조와 젊은 선비들을 죽인 후 정1품 최고의 중앙 관직인 영의정(領議政)이란 권력을 얻었지만, 자신의 행동을 평생 후회하며 살았다고 합니다. 그는 죽기 전, 평생 동안 집필한 저서를 모두 불태우고 자식들에게 다음과 같은 유언을 했다고 합니다.

"평생 마음과 행실이 어긋나게 살아왔으니, 내가 죽은 뒤 비단으로 시체를 감싸지 말고 시호도 청하지 말고 비석도 세우지 말라."

기묘사화로 관직에서 물러난 이후, 이자는 음성, 용인, 충주 등에 은거하며 일체 사람들과의 인연을 끊고 살아가고 있었습니다. 그러나 조광조 이후 새롭게 세력을 잡은 이들에게 이자는 아직 두려운 존재였을까요? 『대동기문(大東奇聞)』은 다음과 같은 이야기를 전하고 있습니다.

작자 미상, 『기묘록』 필사본, 19세기 추정, 24.1×20.0
(자료 제공: 국립한글박물관)

이자는 김안로와 인척 관계이며, 이심원에게 함께 글을 배운 사이이기도 했습니다. 그러나 두 사람이 평생토록 한 일은 선행과 악행이 서로 반대 되었고, 김안로는 언제나 남을 해치려는 마음을 갖고 있었습니다.

기묘사화 뒤에 이자는 용인으로 쫓겨나 있었습니다. 중종 27년에 김안로가 좌의정(左議政)으로 있을 때 자신의 선산에 성묘하러 갔다가 돌아오는 길에 용인을 지나면서 이자를 찾아가게 됩니다. 그러나 실제로는 이자를 꺼리고 미워하기 때문에 그의 동정을 염탐하고자 가 보려 한 것이죠.

하지만 이자는 벌써 김안로의 마음을 환히 들여다보고 있었습니다. 김안로가 자신의 집으로 올 때쯤 되어, 홰나무꽃을 오래 끓인 물에 얼굴을 씻고, 누런 얼굴로 방 안에서 이불을 두르고 앉아 있었습니다.

"오랜만에 뵙는데 이렇게 앉아서 맞이하니 진심으로 죄송한 마음이 큽니다."

이자는 김안로에게 몸이 아파 이렇게 맞이하는 것을 이해해 달라고 양해를 구했습니다. 김안로는 몹시 놀라며 이자의 손을 잡고 은근히 눈물을 흘리며

"황망스럽게 이 무슨 일이란 말입니까. 제가 한양으로 올라가면 바로 의원을 보낼 테니, 어서 쾌차하시기를 바랄 마음뿐입니다."

라며 김안로는 이자에게 각별하게 작별 인사를 하고 이자의 집을 나와서는 자신의 하인에게

"음애공은 이제 끝장이 났다. 이제 염려할 게 없다."

라고 말하며, 미소를 지으며 한양으로 올라갔습니다.

기묘사화 후 남곤을 제치고 중종의 전폭적인 지지로 권력을 잡은 김안로는 지금까지도 권모술수에 능한 간신으로 기억되고 있습니다. 그는 자신에게 해가 되

용인의 고택과 옛사람들 이야기

거나 반발하는 이들은 무슨 일이 있어도 극형을 내리고 목숨까지 빼앗는 짓에 출중한 재주가 있는 인물입니다. 김안로는 최고의 권력을 손에 쥐었어도, 이자로 상징되는 개혁적인 사림 세력들이 여전히 두려운 존재로 여겨 왔던 것 같습니다.

그러나 이자는 중앙정치에 아무런 미련이 없었습니다. 오직 은거하여 시와 술을 벗하며 남은 생을 보내고자 하였습니다. 그래서 그는 남은 생을 충청북도 음성의 고을 음애에서 보내며 스스로 호를 음애(陰崖)라 하였습니다.

말년에 겪은 일들로 울적한 마음을 가눌 길이 없었던 이자는 뜻이 가는 대로 시를 통해 마음속의 이야기들을 드러내기도 하였습니다. 이자의 대표적인 저서인 시문집 『음애집』은 이자가 직접 정리한 것이 분실된 후, 그의 후손이 집에 보관하고 있던 초고본 및 여러 자료를 모으고 첨부해 편찬한 것입니다.

『음애집』

(자료 제공: 한국민족문화대백과사전, 소장처: 국립중앙도서관)

이자는 시 작품을 무려 3,600편 이상 지었다고 하지만 『음애집』에 남아 있는 작품은 그중 극히 일부인 170여 편에 불과합니다. 그럼에도 불구하고 격변의 혼란한 시대를 살다 간 그의 생활감정이 시 작품에 고스란히 나타나 있습니다. 이자에게 시는 조상을 추모하고, 본인의 고요하고 욕심 없는 선비정신을 드러내고, 은거 생활을 보내며 느꼈던 감정들을 읊어 내는 방법이었습니다.

특히, 이자는『음애집』에서 자신이 겪었던 은거 생활에 대해 이렇게 말하고 있습니다.

"기묘년에 쫓겨난 이후로 음애에서 살며 일체 인사를 끊고 시를 읊어 회포를 풀며, 때때로 술이 생기면 마음껏 마시고 되도록 일어나지 않았다. 토계로 옮기니 인적이 멀고, 마을 집이 적으며 산은 높고 깊었다. 종일 산책하면서 물새와 산짐승으로 벗을 삼아 오락가락하였다. 탄수 이 연경과 가까이 살고 있었으므로 청풍명월을 따라 일엽편주로 서로 찾곤 하였다." -『음애집』「자서」

이처럼 이자는 자연 속에서 은거하며 인사를 끊고 시를 통해 마음속에 품은 이야기들을 꺼내 놓았습니다. 많은 시들이 있지만, 그중에서도 은거 시절의 섣달그믐에 지은 「납일영회(臘日詠懷)」라는 제목의 오언율시 여섯 수 가운데 다섯 번째 시는 그가 가지고 있는 선비정신과 절개를 담담하게 드러내는 시입니다.

한 해가 다 가니 새 달력을 보며
외로운 모습 멀리 있는 사람을 그리네.

언덕과 들에 부는 바람은 나무를 부르고
기러기는 분신을 그림자 드리우네.

절벽의 눈은 해를 따라 얇아지지만

언덕 위의 소나무는 눈을 맞아 참되네.

푸르고 아득한 허공도 기다림이 있듯
남은 섣달에 봄날을 보네.　　　　　　　　　－『음애집』 1권

　이 시는 한 해가 다 가는 섣달그믐에 다음 해의 새해 달력을 보며 감회를 읊은
시입니다. 외로운 마음속에서 멀리 있는 이를 그리워하는 감회와 더불어 언덕과
들에 부는 바람 소리, 그림자를 드리우며 날아가는 기러기 떼의 묘사를 통해 추
운 겨울날을 묘사하고 있습니다.

　이 시에서 특히 주목할 만한 부분은 세 번째 연입니다. 절벽에 쌓여 있는 눈은
해가 비추면 녹아내려 얇아지지만, 언덕 위의 소나무는 눈을 맞아야 진가를 발휘
한다는 것입니다. 이 구절은 "날씨가 추워진 뒤에야 소나무와 잣나무가 늦게 시
드는 것을 알게 된다."는 『논어』에 있는 공자의 명언을 달리 표현한 것이라 할 수
있어요. 즉, 소나무와 잣나무는 상록수이기에 추운 겨울에도 푸르른 현상을, 사
람이 어려운 일을 당해야 그 굳건한 지조와 절개를 알 수 있다는 사실에 빗대어
표현한 것입니다.

　이자는 이 시를 통해 기묘사화 이후 힘든 상황 속에서도 선비정신의 으뜸인 절
개를 잃지 않을 것을 강조하고 있습니다. 또한, 마지막 연의 마지막 구에서는 그
추운 섣달에 봄을 기다리는 마음, 즉 은거 생활의 고독함 속에서도 마음 깊숙이
품고 있는 희망을 잘 나타내고 있지요.

이자는 중종 28년(1553), 은거 생활 중에 54세의 나이로 삶을 마쳤습니다. 이자가 죽은 지 6년이 지난 후에야 중종은 기묘사화의 진상을 제대로 알게 되고, 뒤늦게 그 당시 화를 입었던 학자들의 공로를 인정하여 그들에게 높은 벼슬을 내렸습니다. 이자에게는 파직되었던 예전의 관직에 다시 임명하고, 문의공(文懿公)이라는 시호를 주어 그의 업적과 덕을 칭송하였습니다. 이와 함께 그의 묘소가 있는 용인군 기흥면 지곡리 부아산 일대의 땅을 하사함으로써 공(功)을 인정해 주었습니다.

이자가 죽은 뒤, 그의 묘는 용인시 지곡동에 위치한 아버지와 맏형의 묘역 옆에 자리를 잡았습니다. 음애 이자의 묘역은 한산이씨 음애공파 고택과 700m 정도 떨어진 곳에 위치해 있습니다. 생의 마지막을 은거하여 고독 속에서 보냈던 이자가 죽은 뒤에는 가족의 곁이자 자신이 살았던 곳으로 돌아간 것입니다.

이자는 비록 정치적으로 자신의 뜻을 끝까지 펼치지는 못했지만, 그의 올바르고 지조 있는 성품은 이야기와 글로써 오늘날의 사람들에게 전해져 귀감이 되고 있습니다. 또한, 한산이씨 음애공파 고택은 비록 가옥이라는 역할은 더 이상 하고 있지 않지만, 이자라는 인물과 그에 대한 기억을 보존하는 역할을 충실히 하고 있습니다.

변화하는 세상 속에서도 본연의 아름다움과 예스러움을 간직한 채 그 자리를 지키고 있는 고택이 언덕 위에 자리 잡아 담담하게 그 자리를 지키는 소나무처럼 자신의 중심을 지켜 내던 단정하면서도 굳건한 선비, 음애 이자를 닮은 듯합니다.

두 번째

옛집 이야기

백발백중의 명사수 이대장 할아버지, 이주국

김난경

높은 망와는 200년이 넘은 역사를 품고

　문수산 크고 작은 산들에 둘러싸여 있는 조용하고 평화로운 시골 마을인 원삼면 문촌리는 마을 사람들에게 '이대장 할아버지'라고 불리는 오백(梧栢) 이주국 장군(李柱國, 1720~1798)이 태어난 곳입니다. 현재 이주국 장군이 살았던 옛집은 마을 전경이 훤히 보이는 높지 않은 언덕에 위치하고 있습니다.

　마을 입구에서부터 현대식 단층 주택과 초록빛 물결이 일렁이는 논밭을 지나오면, 무수한 세월을 견뎌 온 옛집이 고불고불한 언덕길 중턱에 고즈넉하게 자리하고 있습니다.

　이주국 장군 옛집은 경기도 문화재로 지정된 고택(故宅)입니다. 그러나 문화재로 박제화된 고택이 아닌, 현재까지도 사람의 온기를 담고 있는 가옥으로서의 역할을 오랫동안 충실히 해내고 있는 집입니다.

　지금 고택에서 살고 계시는 노부부는 이주국 장군의 직계 후손은 아닙니다.

이주국 장군 고택 솟을대문

이주국 장군 고택 전경

100년 전 즈음 이주국 장군의 후손들은 이러저러한 사정으로 인해 문화재 수집가였던 정대옥 씨에게 이 고택을 팔았다고 합니다. 이주국 고택에서 살고 계시는 할아버지가 정대옥 씨의 후손인 정인균(정병하 씨의 아들) 씨로 현재 고택의 등기상 소유주이기도 합니다.

개인이 소유하고 있는 가정집이지만, 이주국 장군의 옛집은 365일 늘 대문을 활짝 열어 놓고 있습니다. 누구든지 장군의 옛집을 보고 싶으면, 열려 있는 대문을 통해 언제든지 고택 안으로 들어갈 수 있습니다. 이주국 장군이 살았던 역사적 공간이라는 특별함을 많은 사람과 함께 나누고자 하는 소유주 할아버지의 넉넉한 마음이 느껴집니다.

이주국 장군 고택 전경

이주국 장군 옛집의 나이는 269살입니다. 대문에 들어서자마자 날렵한 처마를 자랑하는 사랑채가 보입니다. 사랑채 지붕 위에는 집을 지은 날짜를 적어 둔 망와(望瓦)가 장식되어 있습니다. 망와에 '건륭 18년 계유일 조작(乾隆十八年癸酉日造作)'이라고 기록되어 있어, 1753년 영조(英祖) 29년에 건축되었음을 알 수 있습니다.

높은 망와를 올려다보며 200년이 훌쩍 넘은 옛사람들의 일을 상상해 봅니다.

용인의 고택과 옛사람들 이야기

이주국 장군 고택의 망와와 사랑채

이주국 장군 고택 뒤뜰 가는 길

집을 지으며 성주신(城主神)에게 감사 의례를 드립니다. 온갖 과일과 떡, 맑은 술 등을 대청마루에 푸짐하게 차려 놓고 집주인과 가족들이 함께 기원의 의례를 합니다.

처마 위 높이 놓인 망와를 보고 있자면 새로 지은 집에서 가족의 건강과 자손의 번영을 바라는 집주인의 마음이 전해지는 듯합니다.

1753년 집이 지어질 당시, 이주국 장군의 나이는 34살이었습니다. 이주국 장군은 조선 영조(英祖)와 정조(正祖) 때의 무신(武臣)입니다. 강직함과 올곧은 성품으로 많은 공적을 남긴 인물입니다. 장군은 전주 이씨로 조선 정종(定宗)의 10번째 아들인 덕천군(德泉君)의 후손입니다.

덕천군을 비롯한 그들의 후손들은 충청도 일대에 함께 모여 살고 있습니다. 그중 덕천군의 장남인 신종군(新宗君)이 경기도로 거처를 옮기면서, 아내를 맞게 됩니다. 그분이 성주 백씨(星州 白氏) 배신(配愼) 부인입니다. 현재 부인의 묘는 원삼면 문촌리에 있습니다. 이러한 연유로 전주 이씨 덕천군 후손 일부가 경기도 원삼면 문촌리에 삶의 터전을 잡고 살았다고 합니다.

그래서 이주국 장군은 아버지 이함(李函)과 어머니 능성 구씨(陵城 具氏) 사이에서 1721년 3월 23일 용인군 원삼면 문촌리에서 태어나게 된 것입니다.

이주국 장군의 준호구
(准戶口: 호적 사항 증명 문서), 1789년
(자료 제공: 용인시 박물관)

검은 준마(駿馬), 하늘로 오르다

  이주국 장군이 태어나던 날 밤, 신기한 이야기가 전해집니다. 장군의 어머니 능성 구씨 부인은 아침부터 산통이 느껴졌습니다. 미리 준비해 둔 깨끗한 볏짚, 빈 가마니, 돗자리, 기름종이, 고운 볏짚 등을 방 안에 차례로 깔아 산자리(산모가 누워서 아기를 낳을 수 있는 자리)를 만들어 아기 낳을 준비를 하였습니다.

  산파와 행랑어멈은 순산을 기원하며 산자리를 만들어 놓은 방 안의 북쪽 벽에 최생부(催生符)라고 하는 부적을 붙여 산모와 아기 모두 건강하기를 기도하였습니다. 능성 구씨 부인 역시 건강한 아기

금줄(禁-)

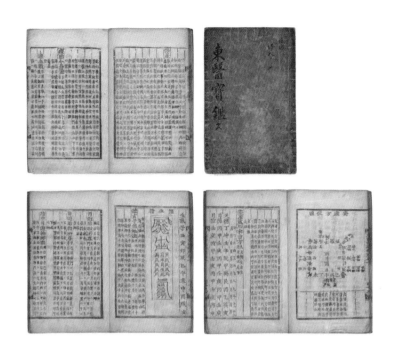

허균, 『동의보감(東醫寶鑑: 출산에 관련된 내용인 「잡병편(雜病編)」의 부인,
소아 항목으로 의료적 처방뿐만 아니라, '최생부' 부적과 같은 주술적인 방법도 소개)』, 1620년
(자료 제공: 국립고궁박물관)

와 빨리 만나기를 기대하며, 마음속으로 함께 기원(祈願)하였습니다.

사랑방에서 순산 소식을 기다리고 있던 이주국 장군의 아버지 이함은 늦은 시간이 지나도 부인의 해산 소식이 들리지 않아 초조한 마음이 계속 들었습니다. 이함은 상황이 어떤지 알아보고 싶었지만, 나쁜 기운인 부정(不淨)이 탈 것이 염려되어 조용히 숨죽여 기다렸습니다. 옛날은 의료 기술이 지금처럼 발달하지 못했기 때문에 여성이 아이를 낳는 일은 위험하면서도 동시에 신성한 일이었습니다.

어느덧 늦은 밤이 되었습니다. 이함은 부인과 아이의 소식을 기다리며 껌껌한 방 안을 이리저리 헤매다가 벽에 기대어 힘없이 주저앉았습니다. 그러곤 이내 감당할 수 없는 눈꺼풀의 무게에 잠이 들고 말았습니다.

꿈속에서 이함은 상서로운 기운을 느껴 사랑방 밖으로 나와 이상한 소리가 들리는 곳을 올려다보았습니다. 그러자 한 마리 검은 용이 대들보를 타고 올라가다가 갑자기 갈기와 근육이 멋진 크고 잘생긴 준마(駿馬)로 변신하였습니다. 그 말(馬)은 힘차게 뛰어오르더니 마당 뜰 한가운데에 멋진 위용을 드러내며 서 있었습니다. 그 광경을 지켜본 이함은 말에게 조심스레 다가가 멋진 갈기를 쓰다듬으려고 하는 순간,

"대감 어르신, 아기씨께서 태어났습니다. 아드님이십니다."

라는 하인의 말에 놀라 잠에서 깼습니다.

이함은 아들이 태어났다는 소식에 뛸 듯이 기뻐하면서도 조금 전의 꿈이 너무나도 생생해서 잊히지 않았습니다. 그래서 아들의 이름을 '빠르고 잘 달리는 말을 얻다'라는 뜻의 준득(駿得)이라고 지었습니다.

우리가 잘 알고 있는 '주국'이라는 이름은 15~16세 사이에 성인식이라 할 수 있는 유교식 의례인 관례(冠禮)를 치른 후에 새롭게 지은 이름입니다. 조선 사대부 남성은 두 개의 이름을 갖게 됩니다. 태어나서 얻게 된 이름과 관례를 치르고 얻게 되는 이름입니다. 관례를 통해 새롭게 지은 이름을 관명(冠名)이라고 합니다. 성인이 된 남성은 가족과 친구 그리고 사회에서 관명으로 호명(呼名)됩니다. 족보에 오르는 이름 역시 관명이 기록됩니다. 그래서 이주국 장군 역시 어릴 적 이름이었던 준득이 아닌, 관명으로 지은 '주국'이란 이름으로 세상에 알려지게 된

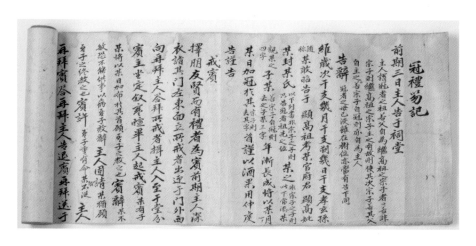

관례홀기(冠禮芴記), 조선 시대 관례를 진행하기 위한 절차와 내용을 기록해 놓은 글

(자료 제공: 국립민속박물관)

것입니다.

이함은 아들에게 생애 첫 이름인 준득이라는 멋진 이름을 지어 준 후, 두 살밖에 되지 않은 어린 이주국을 남긴 채 갑작스럽게 죽음을 맞이하게 됩니다. 이주국 장군의 어머니 능성 구씨 부인은 어린 이주국에게 아버지의 빈자리가 느껴지지 않을 정도로 아들에게 깊은 애정과 엄격한 가르침으로 훈육을 하였습니다.

어린 이주국은 어머니의 가르침에 따라 글 읽기를 좋아했으며, 무엇보다 성격이 대범하여 모험하기를 좋아해 마을 산에 올라 무예를 익히거나 활쏘기 연습하는 것을 좋아했습니다. 특히 이주국은 활쏘기를 잘해서 쏘기만 하면 백발백중(百發百中), 겨눈 곳을 모두 명중시켰습니다.

이주국이 14살 되던 해에 어머니마저 세상을 떠나게 됩니다. 이주국은 슬픈 마

한시각, 〈북새선은도(北塞宣恩圖)〉, 1664년, 비단에 채색, 57.9×674.1cm,
함경도 길주목에서 실시된 문무관 과거 시험 장면을 그린 기록화 (자료 제공: 국립중앙박물관)

위의 그림 '활쏘기 시험' 장면 부분 확대

음을 숨기지 못한 채 어머니의 장례를 절차에 따라서 극진히 모셨습니다. 이를
본 마을 사람과 친척들은 슬피 울부짖는 이주국을 바라보며 함께 슬퍼하고 가슴

아파했습니다.

어머니의 장례를 어긋남 없이 잘 마친 후, 이주국은 부모님을 위해서 입신양명(立身揚名)을 하고자 글 읽기와 무예 익히기를 더욱 열심히 하였습니다.

이주국은 일찍이 과거시험(科擧試驗)을 문과(文科)보다는 무과(武科) 시험에 응시하여 무관이 되기를 원했습니다. 글 읽기도 좋아했지만, 무엇보다 몸과 마음을 강하고 튼튼하게 단련시키는 무예가 좋았기 때문입니다. 그래서 무과를 선택해서 시험을 보았습니다.

무과 시험은 단순히 무예만 보지는 않습니다. 초시(初試)부터 복시(覆試)를 거쳐 전시(殿試)까지 3단계의 엄격한 시험 과정을 단계별로 합격해야만 정식 무관이 될 수 있었습니다. 각각의 시험 과목은 무예와 지략, 유교적 소양까지 겸비한

마상제 그림

용인의 고택과 옛사람들 이야기

사람만이 시험을 치러
낼 수 있었다고 합니다.

무예 시험은 세 차례
에 걸쳐서 말타기를 자
유롭게 하며 활, 창, 편
곤(鞭棍) 등을 정확하게
사용하는지를 살펴보았
다고 합니다. 이렇게 무

선전관패(宣傳官牌: 선전관이 왕의 명령을 전하 때 신표로 쓰던 패),
조선 시대, (앞·뒤) 상아, 지름 7.0㎝, 두께 0.8㎝
(자료 제공: 국립중앙박물관)

예 시험을 통과한 사람들만이 군사 지휘와 전쟁하는 방법에 관한 내용이 담긴 병
법서(兵法書) 7권이 넘는 책과 법전, 역사서 등을 읽고 해석하는 시험을 보았습
니다.

게다가 유교적 소양을 갖추고 있는지 그 여부를 알아보는 시험까지 보았다고
하니, 무관이 되기 위한 공부의 양이 어마어마하다는 것을 알 수 있겠지요.

이주국은 어릴 때부터 글 읽기와 무예 연습을 게을리하지 않았기에 쉽게 과거
에 급제하였습니다. 기록에 의하면 1740년 영조 16년에 과거 급제 후 바로 다음
해에 선전관(宣傳官)이란 관직에 임명되었다고 합니다. 선전관은 지금으로 말하
자면, 대통령의 경호원과 같은 일을 하는 관리로 왕의 명령이나 문서 등을 전달
하는 역할까지 도맡는 중요한 자리였습니다.

이주국 장군이 처음 선전관이란 관직을 받게 되었다는 공식적 역사 기록과는
다른 재미있는 이야기가 전해지고 있습니다. 이 이야기는 오랫동안 사람들의 입
에서 입으로 전해진, 옛이야기입니다.

내 삶은 내 것, 내가 만들어 나가는 거야

이주국은 일찍이 무과에 급제했으나, 외숙모의 아들로 당시에 정치적으로 힘이 센 구선복의 미움을 받아 벼슬길이 막혀 있었습니다.

어느 날 이주국은 서울 삼청동 뒷산에서 활쏘기 연습을 하고 있었습니다. 그때 꿩 한 마리가 '푸드덕' 치솟아 올라 바로 활을 쏘았더니, 어느 대갓집 정원으로 떨어졌습니다. 알고 보니 그 대갓집은 바로 영조의 아들인 장헌세자의 장인이 되는 홍봉한의 집이었습니다. 이를 모르는 이주국은 그 집 대문 앞으로 가서 하인을 불러내어,

"여보게, 내가 뒷산에서 꿩을 쏘았는데 이 집 후원으로 떨어졌으니 꿩일랑 자네가 갖고 화살이나 찾아 주시게."

라고 점잖게 말했습니다.

하인은 꾀죄죄한 옷차림의 애송이가 찾아와서 양반이랍시고 '주시게'라고 말하니, 비위가 거슬렸습니다. '감히 뉘댁 문전에 와서 누구를 오라 가라 하는가' 싶

어, '아무리 양반의 뼈다귀라고는 하더라도 지체 높은 대감댁 후광이 있으니 애송이만 못하랴'는 교만한 생각에,

"댁 같은 사람에게 맞아 죽을 꿩도 있습디까? 그따위 꿩이라면 이 댁에 떨어지지도 않소!"

하고 대문을 '꽝' 닫아 버렸습니다. 분통이 터진 이주국은 대문을 힘차게 걷어차고 쫓아 들어가 하인 놈을 번쩍 들어서 마당 한가운데로 던지면서,

"이놈! 종놈 주제에 시키는 일이나 하면 되지, 웬 놈의 잔소리가 그리 심하더냐!"

하고 꾸짖었다. 나가떨어진 하인은,

"애고애고, 나 죽소."

라고 엄살을 떨어 댑니다. 그러자 그 집의 하인들이 '우르르' 여기저기서 몰려나와 이주국과 엎어져 있는 하인을 보며 서로들 '왁자지껄' 떠들어 댔습니다.

결국 홍봉한까지 이 일을 알게 되었습니다. 이주국을 보니 행색은 초라했으나 듬직한 풍채와 점잖고 기품이 있어 보였습니다. 홍대감은 하인에게,

"정원으로 들어가 꿩이 떨어졌는지 확인하고 오너라."

라고 말하였습니다. 오래지 않아 장끼 한 마리를 들고 오는데, 화살 한 대가 목을 꿰고 있었습니다. 이주국은 화살을 뽑으면서,

"저는 이제 화살을 찾았으니, 꿩은 대감의 저녁 반찬이나 하시지요."

하면서 단정하게 인사를 한 후, 한 손에 화살을 쥐고 대문으로 걸어갔습니다. 홍대감은 젊은이의 기개와 기품에 매우 감탄하여, 이주국에게 이야기나 나누자며, 집 안으로 안내하였습니다.

홍대감은 이주국이 잡은 꿩으로 안주를 만들어 술자리를 마련하였습니다. 홍대감과 이주국은 술잔을 기울이다가 마음이 맞아 깊은 대화까지 나누는 사이로 발전하게 되었습니다. 이주국의 기품 있는 태도와 사람 됨됨이가 퍽 마음에 들어 홍대감은,

"병조판서로 있는 내 동생에게 편지로 자네가 초사 벼슬이라도 맡아 볼 수 있도록 할 테니, 잠시 회답을 기다리면서 우리 천천히 한 잔 더 하세."

한참 후에 홍대감은 하급 실무직 관리인 녹사가 전해 온 회답을 보더니 다소 실망하는 표정으로,

"여보게, 자네가 관리로 출세할 만한 복(福)이 없는가 보이. 이번 도목(都目)에는 후보자 내정이 다 끝났다네."

라면서 안타까워했습니다. 그러자 이주국이 벌떡 일어나면서,

"대감마님, 아까 잡수신 꿩값을 주셔야겠습니다."

하였습니다. 홍대감은 기가 막힌 표정으로,

"내가 청하지도 않은 꿩을 호의로 주고, 또 자네와 함께 먹은 것인데 지금 와서 그 값을 내라는 말인가?"

하고 묻자,

"그때는 그랬지만 지금은 다릅니다. 어서 주십시오!"

라고 하였습니다. 화가 난 홍대감은,

"꼴도 보기 싫으니 이자가 달라는 대로 줘서 보내라."

고 녹사에게 소리쳤습니다. 이주국은 천연덕스럽게 돈을 받으면서,

"이만하면 돼지 한 마리는 사겠군."

하면서 급히 나가 버렸습니다.

이튿날 이주국은 아내에게,

"여보, 오늘쯤은 초사 벼슬이 되었을 테니 철릭을 꺼내 놓으시오."

하였습니다. 아니나 다를까, 이튿날 관에서 소식이 전해 오기를 '가을파 진권관 이주국(加乙波 鎭權官 李柱國)'이라는 관직이 주어졌습니다.

이주국은 즉시 홍대감 댁으로 달려갔습니다. 하인들이 핑계를 대며 따돌리자 이주국은 칼을 빼 들고 '대감을 만나지 못하면 이곳에서 자결을 하겠다'며 으름장을 놓아 홍대감을 만날 수 있었습니다.

청색 철릭, 조선 시대, 비단, 201×131㎝

(자료 제공: 국립고궁박물관)

홍대감이 몹시 언짢은 얼굴빛으로,

"자네, 어제 꿩값은 받아 가지 않았는가?"

라고 말하자, 이주국은 눈물을 흘리며 답했습니다.

"소생이 염치를 모르기로 어찌 대감과 함께 먹은 꿩값을 받겠습니까? 어제 대
감께서 소생을 추천하셨으나, 계씨 대감께서 듣지 않았으니 이번 기회가 아니면
벼슬길에 나아갈 수 없다는 생각에 꾀를 냈습니다. 대감을 노엽게 하면 계씨 대
감께 향후에라도 아까 천거했던 이주국이라는 사람을 쓰지 말라고 명령하실 것으
로 생각하였습니다. 그러면, 계씨 대감께서는 형님의 분부를 거역한 것으로 대감
께서 화가 나서 편지까지 보내신 것이라 생각하시게 될 터이니, 필시 저를 기용
할 것이라 짐작하여 그리하였으니 너그러이 선처를 베풀어 주십시오."

이주국의 말을 듣고 난 홍대감은 자신이 그러했고, 틀림없이 그런 결과가 나타

용인의 고택과 옛사람들 이야기

난 것에 매우 놀랐습니다. 이에 홍대감은,

"그럴 테지, 그렇고말고. 처음부터 자네의 사람됨이 소인배 같지는 않았거든. 내가 한 수 졌으니 한 잔 내겠네. 하하하."

라고 말하며, 이주국의 지략에 탄복하였습니다.

그 후 십 년이 지나는 동안 이주국은 정2품에까지 올랐으며, 홍대감의 지극한 신임을 받았을 뿐만 아니라, 정조로부터도 두터운 총애를 받았답니다.

「꿩 덕에 출세한 이주국」이란 제목의 이 이야기는 오랫동안 용인 지역과 그의 고향인 원산면 문촌리를 중심으로 전해지던 옛이야기입니다. 사람들에 의해서 전해지던 이주국 옛이야기는 역사책에 기록된 내용은 아닙니다. 수백 년 동안 이주국을 기억해 왔던 사람들이 오랫동안 전해 온 또 다른 역사라고 할 수 있습니다.

그렇다면 수백 년 동안 사람들은 이주국 장군을 어떻게 기억해 왔을까요? 옛이야기 속에서 이주국은 이른 나이에 무관 시험에 합격했지만, 외사촌 형인 구선복의 미움과 방해로 관직으로 나아가지 못하고 있는 억울한 상황에 놓여 있는 인물로 묘사되어 있습니다.

시권(試券: 과거시험 답안지), 조선 시대, 한지,
69×190.5㎝ (자료 제공: 국립중앙박물관)

실제로 이주국과 구선복은 그렇게 사이가 좋지는 않았다고 합니다. 구선복은 좋은 집안 배경으로 일찍이 출세하여,

남을 무시하기를 좋아하는 무례하고 건방 진 인물이었다고 합니다. 이와 달리 이주 국은 부모님과 일찍 이별하였기에 누구의 도움 없이 열심히 노력한 인물입니다. 자 신의 실력만이 전부였던 청년이었습니다. 이러한 청년 이주국을 알아본 사람이 바로 홍봉한 대감인 것이지요.

이주국 장군 고택 행랑채

홍대감은 우연히 만난 이 청년과 짧지만 깊은 대화를 나누며, 이주국의 곧은 성품

과 기품 있는 태도에서 범상치 않은 인물임을 알아보게 된 것입니다. 그래서 이 주국의 안타까운 상황을 해결해 주고자 과거 급제 후 처음으로 하는 벼슬인 초사 (初仕) 관직을 맡을 수 있도록 도움을 주려고 했지만, 그것마저 여의치 않게 되었 지요.

그러나, 이주국은 결국 초사 관직을 맡게 됩니다. 홍대감의 도움 덕분이 아니 라, 스스로 문제를 해결해 당당히 자신의 힘으로 관직을 얻게 됩니다. 구선복 때 문에 관직을 맡지 못하게 된 불행한 상황을 빠른 판단과 재치 있는 지략으로 불운 한 상황을 극복하고, 자신의 운명을 바꿔 놓은 것이지요.

바로 「꿩 덕에 출세한 이주국」은 적극적으로 자신의 운명을 개척한 진취적이고 능동적인 인간, 이주국 장군의 면모를 그려 낸 이야기입니다. 오랫동안 이주국 장군을 기억한 수많은 사람의 생각이 모여 만들어진 옛이야기로, 민중이 기억하 고 마음으로 기록한 역사 이야기인 것입니다.

용인의 고택과 옛사람들 이야기

1741년 영조 17년 무관 급제 후 선전관에 임명된 이주국은 무관으로서 강직한 인물이었으며, 맡은 일들은 성실하게 수행하여 여러 관직을 거치게 됩니다. 1748년 영조 24년에는 일본에 외교사절단을 보내는 조선 통신사(通信使)와 함께 일본에 파견되기도 합니다.

전립(戰笠: 군복에 착용하는 관모),
조선 시대, 사직(絲織), 14.2×34.9㎝
(자료 제공: 국립중앙박물관)

이주국은 조선 통신사를 호위하는 무관 역할과 함께 외교 사절단으로 실무진 역할까지 맡아 외교관으로서 위엄과 성실한 태도를 보여 주변 사람들로부터 신임을 얻게 됩니다. 일본에서 돌아온 후 능력을 인정받아 나라에 바치는 물건과 세금에 관한 일을 맡아 보는 관아의 무관인 호조좌랑(戶曹佐郞)으로 승진되었습니다. 이후에 1754년, 충청도 지역의 수군(水軍) 전체를 통솔하는 무관인 수군절제사(水軍節制使), 1755년 경상도 중 오른쪽에 위치한 지역인 성주·선산·합천·함양·의령·남해·거창·사천·고성·창원 등 28개의 군현에 속하는 군대를 총괄 관리하는 경상우변사(慶尙右兵使), 1757년 함경도 북부 회령 지역의 군대 부지휘관인 부사로 임명되기도 하였습니다.

이주국 장군은 여러 지역에서 관직을 수행하면서 부하 군인과 그곳의 백성들에게 사랑과 존경을 받았습니다. 그럴 수 있었던 것은 이주국 장군의 강직한 성품과 옳고 그름이 명확했고, 강자라 하더라도 자신의 신념과 뜻을 굽히지 않았으며 약자에게는 한없이 자애로운 분이었기 때문입니다.

뭣이 중한데, 흙보다 돌

　이주국 장군의 강직함과 불의를 보고 참지 못하는 성격으로 인해 장군을 시기 질투하여 미워하는 자들이 생겨나, 장군에 대해 좋지 않은 소문을 내기도 하였습니다. 심지어는 그 소문이 왕에게까지 전달되어 관직에서 물러나게 되거나, 사람들이 가기 싫어하는 외딴 지방의 무관으로 임명되는 등 억울한 일들이 생기기도 하였습니다.

　그래서 이주국 장군은 마음에 상처를 받아 벼슬에 나아가지 않을 마음으로 고향인 문천리로 내려가 살기도 하였습니다. 고향에 내려온 장군은 소담스러운 정자를 지어 놓고 독서를 하거나, 이웃 사람과 바둑을 두기도 하였습니다. 또한, 농사일에 관심을 두어 마을 사람들과 농사를 지으며 지난날 상처받았던 마음을 치유하며 평온한 날들을 보내기도 하였습니다.

　영조는 이주국의 강직한 성품을 잘 알기에 그를 시기하는 무리들의 이야기를 모두 믿지는 않았습니다. 몇몇 관리가 잘못된 이야기를 듣고서 이주국을 관직에서 내쫓으라고 매일같이 득달할 때면, 영조도 어쩔 수 없이 그들의 뜻대로 처리하기도 하였습니다. 가끔은 영조도 이주국의 대쪽 같은 성격 때문에 화가 나기도 하였답니다. 그래서 그가 성격을 조금만 누그러뜨리기를 바라기도 하였습니다. 이와 관련하여 영조와 이주국 장군 사이의 일화가 전해지고 있습니다.

이주국 장군이 평안도 지역의 육군을 지휘하는 책임을 맡는 병마절도사로 있었던 때입니다. 영조와 이주국 그리고 여러 대신(大臣)과 함께 평안도 안주의 남당리에 성곽을 쌓는 것을 의논하고 있었습니다. 영조와 대신들은 비용과 지역적 특징을 생각해 남당의 성곽을 토성(土城)으로 짓고자 하였습니다. 그러나 이주국 장군의 생각은 달랐습니다.

"어찌 토성을 짓고자 하십니까. 안주는 청천강이 가까이에 있어 토성은 불안정합니다. 게다가 안주 지역이 청나라와 무역이 활발한 지역이라고는 하지만, 분명 국경을 맞대고 있는 곳입니다. 각종 창고와 물건이 많아 도적 떼나 불순한

유덕장, 〈묵죽도〉, 조선 시대, 종이 수묵, 141.5×91.5㎝

(자료 제공: 국립중앙박물관)

자들이 공격한다면 순식간에 그들의 손에 들어갈 우려가 높습니다. 부디 멀리 내다보시고, 튼튼하게 석성(石城)을 만들어야 합니다."

라고 불같이 언성을 높여 말하였습니다. 그러자 대신의 무리 중 구선행은 이주국의 의견은 옳지 않다며, 장군을 꾸짖듯이 말하였습니다.

"석성은 과합니다. 국경 지역은 맞으나, 청나라와 평화롭게 지내고 있는데 많은 돈을 들여서 석성을 짓는 것은 나라의 돈을 너무 많이 사용하는 일입니다. 또한, 조선의 군대가 안전하게 지키고 있는데 무엇이 그리 두렵겠습니까?"

영조 역시 구선행의 말이 맞다고 생각하여 토성으로 짓자고 의견을 내놓았습니다. 그러나 이주국 장군은 토성을 짓는 것은 미봉책에 불가하다며 자신의 생각을 끝까지 굽히지 않았습니다.

대신들은 평소에 이주국을 앞뒤가 막힌 답답한 사람이라고 평가하며 마음에 들지 않아 했습니다. 그래서 영조에게 찾아가,

"이주국의 행동은 매우 무례합니다. 감히 왕의 명령을 거역한다는 것은 있을 수 없는 일입니다. 부디 합당한 벌로 관직에서 내려와야 합니다."

라고 청하였습니다. 이주국 장군은 자신에게 불리한 상황으로 돌아간다는 것을 알면서도 석성을 고집하며, 한 발자국도 물러서지 않았습니다.

결국 영조는 이주국이 똥고집을 부린다며 화가 나서

"그대의 용모는 뛰어난데, 어찌 그리 고집이 센 이유가 무엇인가?"

하고는 자리를 박차고 나가 버렸습니다. 결국 영조는 대신들의 의논대로 이주국을 파직시켜 버렸습니다.

이 사건으로 장군은 다시 고향으로 내려가 농사를 지으며 생활을 하게 됩니다. 왕의 노여움을 사고 관직마저 박탈당했지만, 석성을 고집한 자신의 생각이 틀리

지 않았음을 굳게 믿고 있었을 것입니다. 그는 다양한 지역에서 무관으로서 많은 경험을 한 장군이기 때문이죠.

훗날 남당의 토성은 청천강의 물로 인해 무너지는 일들이 자주 생겨서 결국 물에 닿는 일부분을 석성으로 보수하였다고 합니다.

설산 위 푸르른 나무와 같은 기백, 활을 쏘아라

1777년, 세자 이산(李祘)이 왕에 즉위하게 됩니다. 이 왕은 훗날 정조라고 불리는 개혁적인 왕이죠. 특히 정조는 이주국 장군의 아첨하지 않는 강직한 성격과 현명함을 높이 평가하여 항상 곁에 두고 싶어 했습니다. 정조는 즉위한 해, 이주국에게 중요한 직책을 맡깁니다. 병사의 무예를 훈련시키고 병법 등의 강습을 맡는 훈련도정(訓練都正) 총융사에 임명이 됩니다.

다음 해 8월, 정조는 경기도 여주에 세종대왕과 소헌왕후가 함께 묻힌 영릉(英陵)으로 행차할 때 광나루(한강변. 오늘날 광진구)에 이르러 특별히 이주국을 불러내어 여러 사람이 보는 앞에서 어영대장(御營大將)으로 임명하였습니다. 이주국으로 하여금 행차를 호위하게 했으니, 이주국에 대한 정조의 믿음과 총애하는 마음이 드러나는 한 장면이라 할 수 있습니다. 정조의 사랑과 깊은 신뢰는 다음과 같은 이야기에서도 잘 드러납니다.

호랑이 흉배(무관 1, 2품의 관복 앞·뒤로 가슴 쪽에 부착하는 호랑이 자수), 조선 시대, 비단 자수,
각각 17.8×15.8㎝ (자료 제공: 국립중앙박물관)

어느 날 정조는 창경궁 안에 있는 춘당대(春塘臺)로 모든 신하를 불렀습니다. 날씨가 매우 좋아 활쏘기에 적합하다고 생각했습니다. 조선의 왕은 신하들과 활쏘기 시간을 가졌다고 합니다. 이는 단순한 놀이가 아니라 마음을 수련하는 활동 중 하나로 여겨 왔다고 합니다. 또한, 왕은 신하들의 활쏘기를 지켜보면서, 그들의 성격이나 신하들 사이의 관계들을 관찰하기도 하였답니다.

특히 정조는 활쏘기 실력이 '하늘에서 타고난 재주'라고 평가받을 정도로 활을 잘 다루었습니다. 그래서 활쏘기 능력에서는 아무리 무예가 높은 무관이더라도, 정조의 활쏘기에는 당해 낼 수가 없었다고 합니다.

정조는 신하들에게 활 다섯 발을 쏘아 누가 과녁의 정가운데를 많이 명중시키는지 활 솜씨를 겨루게 하였습니다. 이때 여러 대신 중 이주국은 연속으로 다섯 발의 화살을 명중시켜 정조를 비롯한 그곳에 모인 모든 사람을 감탄시켰습니다. 정조는 그의 무예가 뛰어나다고 칭찬을 아끼지 않으며,

"그대가 활쏘기를 할 때 그 늠름한 모습은 마치 추운 겨울철에도 잎이 푸른 오동나무와 측백나무 같으니, 그 모습을 비유하여 오백(梧栢)이라 호(號)를 하사하노라."

그리하여 이주국은 정조가 친히 지어 준 오백이란 호를 갖게 되었고, 지금까지도 많은 사람에게 오백 이주국으로 기억되고 있습니다.

이주국은 정조의 신임 아래 어영대장(御營大將), 형조참판(刑曹參判), 좌승지(左承旨), 병조참판(兵曹參判), 병조판서(兵曹判書)까지 무관으로서 중요한 관직들을 도맡게 됩니다. 장군은 정조의 뜻에 따라 조선의 군대를 강한 군대로 만들기 위해 많은 노력을 기울였습니다.

특히 이주국은 높은 벼슬의 무관들이 군복을 화려하게 치장하여 다른 사람들에게 과소비와 위화감을 조장하는 것에 경계하고자 하였습니다.

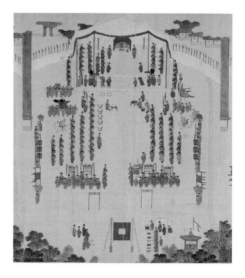

궁중행사 대사례(大射禮圖: 왕이 활을 쏘는) 장면,
조선 시대, 비단에 채색, 259×59.7㎝
(자료 제공: 국립중앙박물관)

그리하여 정조에게 군복을 검소하게 하는 등 무관의 사치를 금하자는 내용을 건의하였습니다.

용인의 고택과 옛사람들 이야기

"내가 경(卿)을 여러 관직에 임무를 맡기고 또 물러나게 하는 것을 다른 장군과 다르게 한 것은, 경의 밝은 안목과 통달한 식견을 갖춘 자라는 것을 잘 알기 때문이오. 높은 관직에 있는 사람들을 다 둘러보아도 누가 이런 말을 하겠는가?"

정조는 이주국 장군의 의견에 적극 찬성하며 기뻐하였습니다. 평소 그가 검소한 삶을 살며 자신에게 누구보다 엄격한 인물이라는 것을 잘 알기 때문이지요.

만약 이주국 장군이 지금 살아 계셨다면, 큰 키와 건장한 몸 그리고 돌직구형의 강직한 성격으로 인해 섣불리 먼저 말을 걸기가 무서웠을 듯합니다. 게다가 무관으로서 원칙을 매우 중요하게 여겼던 분이라 하니, 더 그랬을 것 같습니다.

장군은 겉모습은 무뚝뚝하고 무서워 보이지만, 마음은 섬세하고 자애로운 분이었습니다. 요즘 말로 하면 소위 츤데레 스타일인 것 같습니다. 이주국 장군은 평소 하급 무관들의 삶에 관심이 많았다고 합니다. 혹여 불편함은 없는지 살펴보고 그들의 어려운 사정을 해소해 주려고 노력을 아끼지 않았다고 합니다.

이러한 이주국 장군의 엄격한 군인 모습과 인간적인 자애로운 면모를 엿볼 수 있는 한 편의 옛이야기가 전해지고 있습니다. 이야기는 『오백년기담(五百年奇譚)』에 전해지며, 일제강점기 때 간행된 책으로 역사적 인물들의 이야기가 담겨 있습니다.

그 칼로 원수인 나를 찔러라

이주국은 한강 모래벌판에서 병사들을 훈련시키고 있었습니다. 병사 훈련은 매우 중요하기 때문에 엄격하게 진행되었지요. 그래서 훈련에 늦게 오는 자가 생긴다면, 군법에 의해 곤장을 맞았습니다.

그런데 한 병사가 훈련에 늦게 오는 바람에, 이주국은 군법에 따라서 곤장으로 그 잘못을 다스렸습니다. 병사는 몸이 좋지 않았던지 곤장을 맞고 얼마 지나지 않아 그만 쓰러져 죽고 말았습니다. 시작된 지 얼마 지나지 않은 훈련을 그만두고, 죽은 병사의 가족들에게 이 사실을 빠르게 알렸습니다.

이주국은 일이 손에 잘 잡히지 않아 일찍 집으로 돌아가는 길에, 죽은 병사의 부인이 시체 앞에서 엎드린 채 울고 있는 것을 보았습니다. 옆에 있는 아들은 나이가 10살 조금 넘어 보였는데, 이주국을 돌아보는 아이의 얼굴에 원망과 미움이 가득하여 바로 아이를 쳐다보지를 못하였습니다.

이주국은 사람을 시켜 죽은 병사의 부인과 아이를 불러와,

"내가 일부러 네 남편을 죽인 것이 아니다. 군대에서 군법은 매우 엄격한 법이니라. 군법을 지키지 않아 그에 합당한 법을 시행하다가 죽음에 이른 것이니, 나를 원망하지 않았으면 좋겠구나. 그러나 그가 잘못한 것에 비해, 이렇게 죽은 것은 참으로 마음이 비참하구나."

그런 후에 장례 지낼 비용을 후하게 주었습니다. 부인은 무척 고마워했지만, 그 아들은 눈물을 머금은 채 원망과 독한 마음을 여전히 품고 이주국을 노려보았습니다. 이주국은 애통함과 아이의 상처받은 마음을 생각하며 죽은 병사의 부인에게 간곡하게 물어보았습니다.

"앞으로 너희들의 생계가 몹시 어려울 것이다. 그렇게 되면 네 자식을 제대로

교육시킬 수도 없을 것인데, 내가 너희들을 내 집으로 데리고 가서 돌보아 주고
자 하니 나를 따라오너라."

"제 남편이 죽은 것은 군법을 어겼기 때문입니다. 그런데도 저희를 이렇게까지
돌보아 주시니 정말 감사한 마음이 큽니다."

부인은 눈물을 보이며, 감사함에 어찌할 줄 몰라 했습니다.

이주국은 죽은 병사의 부인과 아들을 자신의 집으로 데리고 와서, 그 아들을
사랑으로 돌보기를 친자식과 같이 하였습니다. 항상 곁에 머물며 먹는 것과 입는
것을 챙기고, 공부하기를 게을리하지 않게 격려하기도 하였습니다. 아이가 성인
이 된 후에는 현명하고 단정한 아내를 얻어 주어 행복하게 살 수 있도록 보살펴

용인의 고택과 옛사람들 이야기

주기도 하였습니다.

그러던 어느 날 밤, 달마저 보이지 않는 칠흑 같은 밤이었습니다. 죽은 병사의 아들은 이주국이 자고 있는 방 밖에서 몸을 숨기고 주위를 계속 살피고 있었습니다. 이 모습을 우연히 방 안에서 목격한 이주국은 급히 옷을 입고 일어나 죽부인을 이불 속에 넣어 두고, 방구석으로 몸을 피하여 상황을 살펴보았습니다. 시간이 조금 흐른 후에 죽은 병사의 아들이 방으로 들어와 짧은 칼을 소매에서 꺼내더니, 한 쾌에 이불 위를 찌르며 말하였습니다.

"소인이 비록 장군에게 깊은 감사의 은혜를 입었으나, 어찌 사람의 자식이 되어 내 아버지를 죽인 원수를 갚지 않을 수 있겠습니까? 장군께서는 소인이 은혜를 저버린다고 원망하지 마십시오."

이때 이주국이 뒤에서 그의 허리를 껴안으면서 말하였습니다.

"너는 그 칼로 아버지의 원수를 갚았으니, 다시 죽일 필요가 있겠느냐. 이제 그만해도 되느니라. 나는 너에 대해 조금도 나쁜 마음을 갖고 있지 않으니, 너 또한 이제 마음의 응어리를 풀고 오래도록 내 집에 머물며 한결같이 지내자꾸나."

이에 죽은 병사의 아들은 몹시 놀라 어리둥절한 상황에서도 자신을 생각하는 이주국의 마음에 큰 감동을 받아 그에게 큰절을 올렸습니다.

"장군께서 그동안 깊고 넓은 사랑을 베푸셨는데, 소인은 만 번 죽을죄를 지었습니다. 이렇게 큰 잘못을 하고도 어찌 여기에 머물 수 있겠습니까?"

눈물을 흘리며 말을 끝낸 죽은 병사의 아들은 곧장 집을 떠나 버렸습니다. 이주국은 사람을 시켜 그의 아내와 함께 살았던 집으로 찾아가 보니, 그 어미와 아내도 함께 사라지고 없었습니다.

마지막까지 제 임무를 다하겠습니다

불같이 살아온 이주국 장군의 나이가 어느덧 77세 되던 해, 정조가 그리 바라던 수원 화성의 완성이 눈앞에 보이기 시작한 해였습니다. 정조가 화성에 있는 영조 대왕과 아버지 사도세자의 능에 행차하려고 분주하게 준비하고 있을 때, 이주국 장군은 정조에게 나아가 말했습니다.

"전하께서 기쁘고 설레는 마음으로 수원으로 행차를 하신다고 하시니, 소인이 어찌 가만히 있을 수 있겠사옵니까. 예전 전하께서 즉위하고 다음 해에 여주의 영릉(英陵)에 행차하셨을 때에 소인이 함께하였사옵니다. 그때의 기억이 생생하옵니다. 비록 늙은 몸이기는 하나, 전하의 뜻깊은 수원 화성 행차에 소인이 호위를 하고 싶습니다."

간곡한 이주국 장군의 바람에 정조를 비롯한 모든 대신은 장군의 그 마음을 이해하기에 행차의 호위를 맡기게 됩니다. 장군은 그 어느 때보다 위엄 있게 정조의 수원 화성 행차를 호위하였으며, 영조 대왕과 사도세자 능에 음식과 술을 올리는 어찬(御饌)을 직접 감독하기까지 하였습니다.

　이주국 장군은 나이가 많았음에도 무관으로서 해야 할 일들에 더욱 열중하며, 하루하루 더 치열하게 살았습니다. 그러나 77세라는 나이는 어쩔 수 없었던지 과로가 겹쳐 건강이 안 좋아졌습니다. 그를 존경하던 여러 대신은 이와 같은 상황을 정조에게 알려 해직(解職)해 줄 것을 간청하였습니다. 정조는 이주국 장군의 충직함과 그의 업적을 높이 평가하며 기꺼이 허락하였습니다.

　이주국 장군은 지금의 서울 장충단 공원 근처인 수표교에 위치한 자신의 집에서 여생을 보내다가 갑작스럽게 감기에 걸려 여러 달 앓게 됩니다. 결국 1798년 3월 23일, 78세의 나이로 세상을 마치게 됩니다.

이주국 장군 묘

　정조는 장군의 죽음 소식을 듣고 매우 슬퍼하며,

　"내가 즉위한 직후 맨 먼저 대장의 관직을 했던 사람이다. 풍채가 훌륭하고 인품이 강직하고, 의리가 높아 내가 항상 의지하며 돌보던 사람인데 이제 그가 별세했다는 슬픈 소식을 들으니, 그 슬픔이 하늘까지 닿는구나."

　대신들에게 장례의 모든 절차를 정성껏 돌보아 줄 것을 명령하였습니다. 정조는 장군의 자손들을 깊이 위로하며 함께 슬픔을 나누었다고 합니다.

| 이주국 묘 왼쪽 문인석과 석양 | 이주국 묘 오른쪽 문인석 | 이주국 묘 오른쪽 석마 |

이주국 장군의 묘는 그가 억울하게 정치적 음해를 받을 때마다 마음의 안식처로 찾아갔던 고향, 용인군 원삼면 문촌리 문수산 자락의 나지막한 언덕에 자리 잡았습니다. 장군 묘, 양옆으로 문인석(文人石)과 돌로 조각한 동물이 자리하고 있습니다. 왼쪽에는 양 석상(石像)과 오른쪽에는 말 석상이 장군의 깊은 휴식을 지키기 위해 묵묵히 호위하고 있는 듯합니다.

이주국 장군 신도비

이주국 장군의 묘에서 가까운 곳에 신도비(神道碑)도 자리하고 있습니다. 정조가 장군이 세상을 떠난 지 3년 뒤에 그를 기억하고자 세운 것입니다. 비문(碑文)은 문신 송환기가

용인의 고택과 옛사람들 이야기

짓고, 이주국의 증손자 이재의가 글씨를 썼습니다. 또한, 비문에 적힌 '숭정대부 행형조판서이공신도비명(崇政大夫行刑曹判書李公神道碑銘)'이란 글은 서예가 유한지의 글씨입니다.

1811년 순조 11년에 이주국 장군의 업적이 높다 하여 그의 공덕을 기리고자 무숙공(武肅公)이란 시호(諡號)를 내립니다.

용인 문촌리 이대장 할아버지, 그 후손을 찾아

이대장 이주국 장군에 대한 기억은 지금까지도 문촌리 사람들에게는 생생한 듯합니다. 골목 넓은 마당에 도란도란 앉아 계신 어르신들에게 이주국 장군의 고택과 묘지가 어디에 있는지 묻는 순간,

"이대장, 이대장 할아버지는 여기 출신인데!"

라고 모두 입을 모아 이야기하시며 고택을 비롯해 묘지와 신도비가 있는 마을의 정중앙을 가리킵니다.

어르신 무리 중에서 젊은 축에 속하는 한 어르신이 활짝 웃으며,

"이대장 할아버지는 우리 할아버지예요."

라고 이주국 장군의 후손 사람임을 자랑스럽게 말씀하시며

"시할아버지가 이주국 장군의 직계 어르신이에요."

하십니다.

반가운 마음에 우리의 방문 목적을 말하였더니, 직접 차로 운전하여 이주국 장

군의 직계 후손 어르신 집으로 우리를 데려다주었습니다.

　도착한 곳은 장군의 직계 후손인 이용호(1938년, 범띠, 85세) 할아버지와 부인 조금선(1939년 토끼띠, 84세) 할머니가 살고 계신 깔끔한 단층 양옥집이었습니다. 이주국 장군 고택에서 10분도 되지 않는 거리였습니다.

　할아버지께 이주국 장군의 이야기를 듣고 싶다고 말씀드리니, 호기심 어린 눈으로 바라보던 낯선 방문자의 인사를 어느새 친근하게 받으시며,

　"내가 나이가 많고 귀도 안 좋고, 기억이 많이 흐려져서….'

　라며 자신이 없으신 듯 대답하셨지만, '어릴 적 들으셨던 이야기 있으시면 편안하게 말씀 주세요.'라며 주책없이 재촉을 드려 보았습니다. 이용호 할아버지께서는 눈을 감고 기억을 되짚어 보시는 듯, 잠시 후

　"대장 할아버지는 말이야. 어릴 적부터 활을 잘 쐈어. 호가 오백이잖아. 그거 활을 잘 쐈어서 정조대왕이 지어 준 거야.'

　라고 말씀해 주셨습니다. 할아버지께서는 처음엔 주저주저하셨지만, 시간이 흘러갈수록 이주국 장군에 관한 여러 이야기와 덕천군파가 어떻게 원삼면 문촌리에 와서 살게 되었는지 다양한 이야기를 재미있게 말씀해 주셨습니다.

　옆에 함께 계셨던 조금선 할머니께서도 '이대장이 그렇게 활약이 대단했대. 대단한 양반이야.'라며 우리와 함께 맞장구치시면서 할아버지의 이야기에 빠져 버렸습니다. 1시간이 넘는 동안 할아버지께서는 지치는 기색 없이 장군의 이야기를 거침없이 쏟아 내었습니다.

　"이대장 할아버지가 오래 사셨지. 풍채도 엄청 좋아. 그때로 치면 장수(長壽)지. 장수한 거지. 그런데 나이는 어떻게 못해. 칠십 좀 더 돼서 아마 돌아가셨지.'

이주국 장군의 죽음 이야기를 끝으로, 할아버지의 이야기도 끝을 맺었습니다. 매년 음력 7월 중순이면 가족들과 함께 이주국 장군 묘를 찾아가 무덤의 풀을 베고 보살피는 금초(禁草)를 한다고 합니다. 올해도 가려고 준비하신다고 말씀을 하셨습니다.

여름 해는 아직 중천에 떠 있지만, 어느덧 시간은 초저녁을 향해 달려가고 있었습니다. 우리는 이용호 할아버지와 조금선 할머니께 감사의 인사를 드리며 집 밖으로 나왔습니다. 조금선 할머니께서 주신 복숭아 몇 알과 함께.

세 번째

옛집 이야기

자연과 함께한 콧수염의 예술가, 장욱진

서희정

용인시 마북동 교동마을, 장욱진 화백의 옛집 숨결

용인의 고택과 옛사람들 이야기

"보통 자연, 자연, 그러는데 자연이라는 게 그래요.

시시각각 여기서 이렇게 회색빛 저녁이 강가에 번진다. 뭇 나무들이 흔들리는 소리가 들린다. 강바람이 나의 전신을 시원하게 씻어 준다.

앉아서 보면 뭐가 뭔지 모르지만…. 비 오는 것도 좋고, 바람 부는 것도 좋고, 자연에 접하고 있으면, 제삼자가 보면 가장 둔하고 미련하고 그래 보이는데 예민한 게 자연이에요.

석양의 정적이 저 멀리 산기슭을 타고 내려와 수면을 쓰다듬기 시작한다.

저 멀리 노을이 지고 머지않아 달이 뜰 것이다." - 장욱진

장욱진 가옥 전경

　　용인시 기흥구 마북동 교동마을은 아름다운 법화산의 골짜기를 타고 위치한 마을입니다. 앞과 뒤로 산의 가슴 안에 폭 안긴 마을 풍경과 푸른 산의 나무들로 마을은 조용하고 평화롭습니다. 피톤치드의 숲길을 걸으면 복잡한 문명의 속세를 떠나 명상의 길로 인도하는 것 같습니다. 지금은 아파트들이 많이 들어서 마을의 고요한 적막이 덜하지만….

　　　　　　　　　　　　　　　　　　　용인의 고택과 옛사람들 이야기

장욱진 화백은 자연과 함께 살면서 그림을 그릴 수 있는 곳을 찾아다니며 작업실을 옮겨 다녔습니다. 덕소에서 명륜동으로, 명륜동에서 수안보로, 그리고 마지막으로 옮긴 곳이 바로 용인시 마북리, 지금의 마북동 교동마을입니다.

아파트촌 사이로 오래된 기와집이 조용히 그 자리를 지키고 있는데, 그곳은 바로 속세를 떠나 도가의 사상을 바탕으로 자연과 더불어 조화롭게 살던 한국의 근현대 대표화가 장욱진(張旭鎭, 1917~1990) 화백의 집입니다. 장욱진 화백은 한국의 근현대미술을 대표하는 화가입니다. 그는 생전에 〈자화상〉(1951), 〈나무와 새〉(1957), 〈가로수〉(1978)를 비롯해서 720여 점의 작품을 남겼고 이 작품들은 한국 사람들이 사랑하는 그림들입니다.

이곳에 문을 열고 들어서면 시간 여행을 하는 것 같습니다. 잘 보존된 기품 있는 한옥과 아름다운 소나무, 앵두나무, 살구나무 등등 여러 종류의 나무들이 운치를 더합니다. 그리고 장욱진 화백의 작품들 중에서 볼 수 있는 집 안의 풍경이 바로 이 집의 곳곳에 남겨져 있습니다.

한옥집은 장욱진 화백이 이사 오기 전 박씨 고택으로 알려진 초가집으로, 1884년 조선의 갑신정변이 일어날 때 즈음 지어진 집이라고 합니다. 장욱진 화백은 1986년에 박씨 고택을 사서 작업실과 거주공간으로 정돈하고 한옥의 기와를 수리하여 이사 왔습니다. 장욱진 가옥 뒤로 덜 정돈된 고택 하나가 더 있는데, 오씨 고택이라고 합니다.

마북동 교동마을에는 오래전부터 양반 오씨 성씨의 사람들이 모여 살았고 박씨는 오씨의 마름, 하인이었다고 하는 이야기도 있지만 지금은 대대손손 오씨와 박씨는 용인의 지주로 큰 부를 누리고 있다고 합니다. 이곳은 등록문화제 제404호로 지정되었는데, 1986년에 장욱진 화백이 앞뒤 법화산 골짜기 사이에 조용히 위치한 이곳으로 이사 와 작고할 때까지 그림을 그리며 살았습니다.

입구에 '장욱진고택'이라고 쓴 간판 또한 예사롭지 않은 글씨체로 벽에 쓰여 있습니다. 용인의 서예가 박선호 선생님의 글씨입니다. 장욱진 화백의 옛집은 '장욱진 고택' 혹은 '장욱진 가옥'으로 불립니다. '장욱진 고택'이라고 불리던 것이 2008년 문화재청에서 '장욱진 가옥'으로 문화재 공식명칭을 지정하여 등록되면서 '장욱진 가옥'이라는 이름이 새롭게 붙은 것입니다.

이것은 박씨 고택을 개조한 옛집과 함께 장욱진 화백이 손수 지은 빨간 양옥집이 함께 공존하고 있는 집이라는 점과, 1986년부터 1990년까지 4년간 살면서 생애의 마지막 창작 활동을 한 화가의 집이라는 점을 고려하여 '장욱진 가옥'으로 문화재 공식명칭이 지정된 것이라고 이야기되고 있습니다.

장욱진 가옥 안뜰

용인의 고택과 옛사람들 이야기

경기도 서민 가옥의 기본 모양인 'ㅁ' 자형 가옥이고 바깥채는 'ㄱ' 자형으로 되어 있습니다. 마당에는 감나무, 앵두나무, 소나무 등이 심어져 있습니다. 장욱진 가옥 안 구석구석에는 그의 작품 안에 그려진 적이 있던 원두막, 집 마당, 나무들, 빨간 벽돌의 양옥집들이 곳곳에 있습니다.

한옥 처마 밑에 앉아 봅니다. 그리고 푸른 하늘을 봅니다. 장욱진 화백이 그 당시 음미했던 자연의 숨소리가 느껴지는 것 같습니다. 어느덧 고요한 정취에 취해 내가 바라보던 하늘이 나인지, 내가 하늘인지 모르겠다는 생각이 듭니다. 아파트 촌도 생기기 전 길도 나기 전 깊은 법화산 골짜기 안 새소리만 들리는 이곳에 집을 짓고 장욱진 화백은 하늘과 산을 바라보며 나물밥에 낮잠을, 그리고 마음에 끌려 다시 붓질을 하면서 자연이 되어 살았을 테지요.

장욱진 가옥 안 원두막 '관어당'

신갈시기(1985-1990)의 장욱진과 아내 이순경
(자료 제공: (재)장욱진미술문화재단)

짚을 얹은 정사각형 모양의 아담한 원두막 한 채가 자리하고 있습니다. 쪽마루에 앉아 연못 속 물고기를 늘 들여다본다는 의미의 '관어당(觀漁堂)'이라는 현판이 달려 있습니다. '관어당'은 '볼 관(觀)' 자와 '물고기 어(漁)' 자, 그리고 '집 당(堂)' 자가 합해진 말로 국어국문학자 이승희 선생님(1896~1989)께서 '연못의 물고기를 바라보는 원두막'이라는 뜻으로 원두막에 지어 준 이름입니다.

'관어당' 지붕에 달린 물고기 풍경

그리고 장욱진 화백은 물고기의 형상에 초록 물빛을 칠해 '관어당'이라는 현판을 직접 썼습니다. 원두막에 앞에는 연못도 연못 속을 헤엄치는 물고기도 없지만, 오른편 지붕 위에 물고기 모양의 풍경이 바람을 따라 '짜랑 짜랑' 소리를 내며 흔들리면 눈앞에 있는 하늘은 물고기가 헤엄치는 연못처럼 느껴집니다.

"화실이 따로 있나. 자연 속이 모두 다 내 화실이지. 나는 산과 새와 하늘 가까이에 살면서 자연의 화실을 갖고 있는 셈이야. 물과 풀이 없으면 난 견디지 못해. 인간의 근본은 모두 자연에서 이루지는 것이야. 내가 지금 알고 있는 건 내가 숨 쉬고 있다는 사실뿐이야. 난 언제나 떠돌이니까 어디든 물과 풀과 술이 있는 곳이면 돼. 내 수염은 잡초요, 내 머리카락은 수양버들이니까…. 그것이 시들 날이 있겠지."

용인의 고택과 옛사람들 이야기

열여섯 살의 나이에 성홍열에 감염되어 충남에 위치한 수덕사에서 6개월간 머무른 적이 있다고 합니다. 이곳에서 청소년기 불교의 가르침에 큰 영향을 받게 되었다고 합니다. 그리고 도를 닦으며 마음을 비우고 이 세상의 욕심으로부터 거리를 두고 자연과 동화되어 어우러져 사는 삶의 태도를 언제나 간직하며 살아가게 되었다고 합니다.

"난 언제나 떠돌이니까 어디든 물과 풀과 술이 있는 곳이면 돼. 내 수염은 잡초요, 내 머리카락은 수양버들이니까…."라는 말은 장자(莊子)의 「나비의 꿈(胡蝶夢)」에 남겨진 나비가 된 장자 이야기를 떠오르게 하네요.

옛날 옛날에 장주가 자신이 나비가 된 꿈을 꾸었습니다. 나풋나풋 날아다니는 나비가 되어 마음 가는 대로 노니 자신의 마음이 흡족하여 자신이 장주라는 것을 깨닫지 못했습니다.

조금 이따가 문뜩 깨어 보니 갑자기 장주가 되어 있었습니다. 도대체 장주가 꿈에서 나비가 되었던 것인지, 나비가 꿈에서 장주가 되었던 것인지 알 수가 없었습니다.

장주와 나비는 반드시 구분이 있었을 것입니다. 이것을 물(物)의 변화라고 말합니다.

콧수염의 자화상

장욱진 화백은 1917년 충남에서 네 형제 중 둘째 아들로 태어났습니다. 아버지를 일찍이 여의고 서울로 올라와 고모의 집에서 살면서 소년 시절을 보내고 학창 시절 미술반 활동과 미술대회에서 수상을 하며 화가의 길에 들어섭니다.

1939년 고등학교를 졸업하고 일본제국 미술학교 서양화과에 입학하여 정식으로 대학에서 미술을 배웠고, 일제강점기 조선미술전람회에 출품하여 여러 번 입상했을 뿐

장욱진 화백 (일러스트: 유정자)

만 아니라 해방 이후 국전의 심사위원, 서울대학교 미술대학 교수로도 4년간 재직하였습니다. 김환기, 유영국, 이중섭 등과 어깨를 나란히 하는 한국의 대표적

인 화가이지요.

그리고 서울대학교 미술대학 교수를 그만둔 뒤에 자연과 가까운 조용한 곳으로 작업실을 옮겨 다니며 그림을 그렸습니다. 마지막으로 이사 와 자리를 잡고 1990년 타계할 때까지 자연과 더불어 살면서 그림을 그린 곳이 용인시 법화산 골짜기에 위치하여 맑은 마북천이 흐르는 지금의 마북동 교동마을이었습니다.

장욱진, 〈마을〉, 1957년, 캔버스에 유채, 40.5×27.5㎝

(자료 제공: (재)장욱진미술문화재단)

법화산 골짜기 아래 이곳에 이사 오기 전, 장욱진 화백은 자신이 꿈꾸는 마을과 집을 그렸습니다. 1957년에 발표된 〈마을〉을 보면 초록빛 들판이 중심을 이루고 소를 몰고 있는 콧수염의 장욱진 화백의 모습을 담고 있습니다.

장욱진 화백은 농촌의 자연과 초가삼간에서 오순도순 함께하는 아내와 아이들의 모습을 화폭에 담았는데, 언제나 콧수염을 한 남자의 모습으로 자신의 모습을 그려 냈습니다. 단순화된 인물의 얼굴이지만 콧수염 덕에 '아, 이 사람은 장욱진 화백 자신이구나!' 하고 금세 알 수 있지요. 〈마을〉 외에도 여러 작품들에서 등장하고 있는 콧수염을 한 남자의 모습을 발견할 수 있을 것입니다. 그리고 그는 바로 장욱진 화백 자신이라는 것도요.

"나는 천성적으로 서울이 싫다."라고 늘 이야기했던 장욱진 화백은 언제나 자연과 마주할 장소를 찾아다녔다고 합니다. 1986년에는 마북동은 용인시 마북리, 아파트 하나 없고 길이 아직 도회로 나지 않은 산 아래 시골이었습니다. 그곳에 와 늘 꿈꾸던 자연을 마주합니다. 골짜기 사이에 위치한 마을은 법화산자락으로 앞과 뒤가 막혀 세상의 잡음을 모두 막아 주고 그 아래에는 맑은 마북천이 흐르고 있었던 것입니다.

작품 〈마을〉의 풍경처럼 산과 들만 존재했을 용인시 마북동(당시는 마북리)은 장욱진 화백이 꿈꾸던 마을이었을지 모릅니다. 그리고 그 마을에는 사랑하는 가족과 집이 있습니다. 아동화와 같이 단순화된 형상들이 평평히 나열되어 있는데도 묘하게 오히려 세련되어 보입니다. 초록빛 들판에 황톳빛 색채가 스며 있으면서 여유롭게 소를 모는 콧수염의 화가 자신의 모습과 가족이 머물러 있는 초가집 또한 황톳빛 색깔로 칠해져 솜씨 좋게 어우러져 있습니다.

장욱진의 그림은 정겹습니다. "나물밥 먹고 나서 물 마시고 팔을 베고 누워도 즐거움이 그 가운데 있다."라고 남긴 화백의 일기 같은 글처럼 욕심 없는 마음을 표현하고 있는 듯합니다. 그림 화면에는 원근법도 없고 산과 사람과 집과 나무는 단순화되어 그려져 천진난만한 아이들이 무심코 하얀 도화지에 그린 형상과 같습니다. 순수함, 소박함, 수수함, 순진함, 천진난만함….

그리고 장욱진의 작품에는 그림에는 산과 들, 나무, 아이들, 해와 달, 그리고 초가집이 한결같이 등장합니다. 그리고 화가 자신을 표현한 그의 콧수염도요. 그것만 그려도 괜찮을까? 뭔가를 더 그려서 얻어질 것을 생각했다면 늘 같은 것을 그리지 않았을지도 모릅니다.

"왜 이것만 그리시지요?"

하고 질문하면, 장욱진 화백은 이렇게 대답할 것 같습니다.

"자연 속 초가삼간에서 가족들과 밥 먹고 물 마시고 팔을 베고 한숨 자고 다시 산과 들, 나무와 아이들, 해와 달 그리고 집을 그리면 그것으로 즐겁고 행복하지 아니한가?"

라고….

푸른 언덕에 그림 같은 집을 짓고

조선의 제26대왕, 대한제국 제1대 황제인 고종황제의 아들인 의친왕의 열째 아들 이석은 마지막 황손 가수입니다. 아름답고 서정적인 멜로디로 〈비둘기집〉이라는 가사를 쓰고 노래하여 1960년대에 대중의 사랑을 받았습니다.

세상에 태어나 행복한 가정을 이루고 오순도순 평화롭게 사는 것은 우리 모두의 꿈입니다. 사랑하는 가족과 함께 살 그림 같은 집을 푸른 언덕에 짓고 사는 것을 마음속에 그려 본 적이 있으신가요? 황손 가수 이석의 노래 〈비둘기집〉은 퍽퍽하고 바쁜 이 세상에 가족과 내 집이 주는 행복을 따스하게 느낄 수 있게 해 줍니다. 멜로디도 단순하여 한번 들은 사람들은 잊지 않고 누구나 쉽게 따라 부를 수 있지요.

용인의 고택과 옛사람들 이야기

장욱진, 〈자동차가 있는 풍경〉, 1953년, 캔버스에 유채, 40×30㎝

(자료 제공: (재)장욱진미술문화재단)

비둘기집

(가사: 이석)

비둘기처럼

다정한 사람들이라면

장미꽃 넝쿨 우거진

그런 집을 지어요.

메아리 소리 해맑은

오솔길을 따라

산새들 노래 즐거운

옹달~샘터에

비둘기처럼

다정한 사람들이라면

포근한 사랑 엮어 갈

그런 집을 지어요.

1953년에 〈자동차가 있는 풍경〉에서 장욱진 화백은 빨간 벽돌로 지어진 양옥
집과 자전거와 자동차를 함께 그렸습니다. 이석의 노래 〈비둘기집〉의 가사에서
노래하는 마음이 담긴 집의 느낌이 그대로 장욱진 화백의 〈자동차가 있는 풍경〉
의 빨간 벽돌의 양옥집에서 느껴집니다. 어린아이의 천진난만한 손길로 하얀 도
화지에 우리 집과 우리 엄마를 그리고 열심히 크레파스로 색칠한 것만 같습니다.
비뚤비뚤한 선으로 빨간 벽돌집과 파란 자동차를 그린 그림에서 꾸밈없는 어린아
이들의 동심의 세계가 느껴집니다.

엄마 손을 잡은 아이는 마당에서 타고 놀던 자전거를 세워 두고 여느 때보다 일
찍 집으로 퇴근한 아빠를 기다립니다. 아빠가 잠시 집 앞에 파란 자동차를 세우
고 집에 들어가 일을 보는 사이에 종종걸음을 치며 엄마 손을 잡고 대문 밖에 나

용인의 고택과 옛사람들 이야기

장욱진 가옥의
빨간 벽돌의 집 풍경

와 있습니다. 새로 산 파란 자동차에 너무 좋아서 아빠를 부릅니다. 파란 자동차
를 타고 으스대며 한 번만 마을 한 바퀴 돌아보고 싶다고 졸라 대는 것 같습니다.

〈자동차가 있는 풍경〉의 양옥집은 사실 한국에서는 잘 볼 수 없는 19세기 미국의 영국 식민지 시대의 건축물 디자인으로 지어졌습니다. 기독교 신앙에 대한 굳건한 믿음으로 약 6개월간 메이플라워(Mayflower)라는 배에 의지하여 미국으로 이주한 '필그램(Philgrim)'들이 짓고 살던 영국식 건축양식과 매우 닮았습니다.

필그램들은 종교인들이 세속으로부터 거리를 두고 살아가던 독특한 생활양식을 가지고 있었습니다. 검정색 모자를 쓰고 교회의 사제와 같은 옷을 입고 속세의 화려함보다 성경에 의지하여 늘 청렴한 생활을 해 온 사람들이지요. 동양의 수묵화 속 도인과 같이 살아온 장욱진 화백의 집에 빨간 서양식 건축물이 함께 지어져 있지만, 필그램의 가옥과 비교해 보면 도인처럼 살아갔던 서양인들의 집이기에 장욱진 화백과 어떤 공통점이 느껴지기도 합니다.

〈자동차가 있는 풍경〉을 그리던 1950년대에 정말 어디선가 장욱진 화백은 영국에서 이주한 청도교들인 필그램의 이야기를 접한 적이 있으셨을까 하고 궁금해지기도 합니다.

혹은 소설 『빨간 머리 앤』에 등장하는 초록 지붕의 캐나다 시골 가정집과 같아 한국의 현실과는 동떨어진 상상 속의 집처럼 보이기도 합니다. 고아였던 빨간 머리 앤은 고아원에서 캐나다의 작은 도시에서 조용히 살고 있던 매튜와 말리라 남매의 집에 입양되어 왔지요.

원래는 매튜의 농장 일에 도움을 받기 위해서 소년을 입양하기로 했는데, 실수로 상상력이 풍부하고 엉뚱한 수다쟁이인 소녀 앤이 오게 된 것입니다. 처음에는 소년이 아니라서 다시 고아원으로 앤을 보내려다가 그들은 자신의 기대와 다르게 입양되어 온 앤을 가족으로 받아들이기 시작하면서 서로 사랑과 신뢰를 쌓아 가며 점차 한 가족이 되어 간다는 마음 따스한 가족 소설입니다.

용인의 고택과 옛사람들 이야기

장욱진 화백이 예전부터 푸른 언덕에 그림 같은 집을 짓고 살고 싶던 꿈이 담긴 집이란, 소박하고 마음 착한 빨간 머리 앤의 가족들과 같은 사람들이 모여 사는 공간이었을 것입니다. 빨간 벽돌로 지어진 가정집이라서 그런지 빨간 머리의 주인공 앤과 이야기 속의 초록 지붕의 서양식 시골 가정집도 함께 떠올리게 되네요.

〈자동차가 있는 풍경〉을 그림 작품으로 발표하고 13년이 지난 후 용인시 기흥구 마북리, 지금의 마북동 교동마을로 이사 온 장욱진 화백은 마음에 품고 있던 그 빨간 벽돌집을 정말로 푸른 잔디 위에 소담스레 짓기 시작했습니다. 그리고 3년 후 1989년에 지하 1층, 지상 2층의 빨간 벽돌집을 완공합니다.

1953년에 발표한 〈자동차가 있는 풍경〉의 작품을 기억하고 있는 사람이라면 뒤뜰 언덕 위에 서 있는 파란 잔디 위 이 빨간 벽돌의 양옥집을 보면 어디선가 본 적 있는 집처럼 친근하게 느껴질 것입니다. 그리고 "아, 그 〈자동차가 있는 풍경〉에 있던 그 집인가 보다! 맞아, 맞아! 바로 눈앞에 정말 지어져 있다니 신기하군!" 하고 감탄하게 될 것입니다.

잠깐 화가의 집 안으로 들어가 볼까요? 건물 안으로는 한 걸음, 두 걸음 계단을 올라가 출입문에 다다릅니다. 양옥 1층에는 침실, 응접실, 식당 등 중앙 현관을 중심으로 양쪽에 위치해 있습니다. 그리고 응접실이 인상적이네요. 대리석으로 고급스럽게 깔려 있으면서 영화 속에서 볼 법한 벽난로가 있습니다.

2층은 장욱진 화백의 작업실이었다고 합니다. 하얀 눈이 내리는 겨울에 2층 작업실에서 작업을 하다가 1층의 응접실로 내려와 벽난로에 불을 지피며 따스하게 몸을 녹이고 차를 마셨을 화백의 모습이 눈에 떠오릅니다. 지금 응접실은 그림전

장욱진 가옥 빨간 양옥집 내부

시실로 사용되고 있습니다.

"나는 심플하다."라고 생전에 장욱진 화백은 자주 말하곤 했다고 합니다. 장욱진 화백의 따님은 아버지에 대한 회고록에도 다음 같은 글을 남겼습니다.

"아버지는 그림도, 정신도, 삶도 당신 말씀대로 심플했지만 유품까지도 우리가 섭섭할 정도로 심플했다."

유품을 정리하려 화실을 돌아보아도 그렇다 할 만한 물건 하나 눈에 띄지 않았다고 하니까요. 생전에 장욱진 화백은 빈손으로 와서 빈손으로 돌아가는 마음으로 하루하루를 살아갔다 하니 화가의 집에 남겨진 거실의 벽난로와 세월에 빛바랜 소파 의자가 그가 그나마 생전에 자주 사용하던 물건이었을까 하는 생각이 듭니다.

용인의 고택과 옛사람들 이야기

오래도록 사용한 것처럼 벽난로에는 검은 그을음이 그대로 남아 있어, 며칠 전 그림을 그리다가 불멍을 피우던 그 장소처럼 장욱진 화백의 온기가 느껴집니다. 벽난로에 주전자를 올리고 물을 끓여 따스한 차를 마시면서 어쩌다 찾아온 손님과 이야기꽃을 피우며 의자에 앉아 빙그레 웃고 계시는 모습도 떠오르네요.

전시장에 걸린 그림들의 크기도 장욱진 화백의 마음을 보여 주는 것 같습니다. 손바닥만 한 크기로 보일 듯 말 듯 그 앞에 걸려 있습니다. 거대한 크기로 위세를 부리며 보는 사람을 압도하지 않는 작은 크기의 그림들이 벽난로가 있는 거실 벽에 걸려 있는 것입니다.

이것이 관람객들에게 보이고자 걸린 것인지, 화가의 거실에 걸린 그림들인지 잘 모르겠네요. 아니, 문득 나는 전시를 보러 온 것이 아니라 친구를 만나러 온 것이고 친구의 거실에 걸린 작은 그림들을 잠시 구경하고 있는 것 같습니다.

크기는 작더라도 그 그림 안에는 장욱진 화백이 늘 마음에 그리고 품고 있던 모든 것이 그려져 있습니다. 들판과 산이 있고, 집에서 애지중지 키우는 가축들이 있습니다. 하늘에 새도 날고, 그 옆에 초록빛 나무들도 있고, 콧수염의 자신의 모습과 사랑하는 가족의 모습 등 어느 하나 빠진 것 없이 그 작은 크기의 종이 위에 모든 것이 그려져 있습니다.

그러다 보니 그의 흰 도화지 한 장 한 장은 그림의 이미지들이 머무는 보금자리 집과 같이 느껴집니다. 이미지들은 그림 속에서 평온하게 쉼을 받고 서로를 위로하고 사랑하고 있는 듯합니다. 그곳은 바로 집 앞의 들판이었고 그곳은 바로 집 뒤에 뒷산이었습니다. 잠깐 동네를 가족과 멍멍이를 데리고 산책을 하던 그 순간이 그려져 있는 것 같습니다. 그의 작은 그림들에는 반복적으로 꿈꾸는 자연과 집과 가족과 집에서 키우는 동물들이 그렇게 매일매일 등장합니다.

"나는 심플하다."라는 장욱진 화백의 어록처럼 그는 그것이 다였고 그것을 그리고 또 그렸습니다. 오늘 그렸고 내일 또 그릴 것이고 눈을 감는 날까지 그릴 것이기에 아쉬운 것이 없노라고…. 그리하여 그날 하루에 모든 것을 작은 도화지 위에 모두 그렸고 오늘이 마지막 날이어도 행복했고 아쉬운 것 없노라고….

장욱진 화백님의 따님이 아버지에 대한 회고록에서 "아버지는 언제나 모든 날을 마지막 날인 것처럼 사셨던 분"이라고 글을 남긴 것도 바로 이런 장욱진 화백의 작업과 시간을 말하는 것이 아닐까 싶습니다.

선(禪)이란 무엇인가?

소호 김철순 선생님의 일기 친필

2022년 여름, 장욱진 화백의 빨간 양옥집 1층의 거실에서 〈선(禪)이란 무엇인가?〉라는 특별전시가 열렸습니다. 안쪽에는 미술사학자이자 동양철학가이신 소호 김철순 선생님(1931~2004)의 친필이 적힌 원고지들이 전시되어 있었습니다.

소호 김철순 선생님은 1975년 1월 18일부터 3월 11일까지 2달간 장욱진 화백과의 만남에 대한 기록을 일기로 남겼다고 합니다. '선(禪)'을 주제로 한 장욱진 화백의 목판화의 제작 의도, 제작 과정, 장욱진 화백의 인생철학과 작품 세계에 대한 미학적 교감에 대해서 솔직한 일기글로 담담히 담고 있습니다.

컴퓨터 시대에 프린트된 글자체에 익숙해진 이 시대에 빛바랜 빨간 원고지에 손 글씨로 쓴 일기들, 그리고 한국의 글을 사랑하고 연구하는 학자와 한국의 자연과 그림을 사랑한 화가의 예술과 철학에 대한 진솔하게 담은 이야기를 나눈 하루의 일기라고 하니 마음이 뭉클해집니다.

〈선(禪)이란 무엇인가?〉라는 특별전시에는 1995년 간행된 『장욱진 선(禪) 시리즈 목판화 집(集)』에 게재된 작품들이 전시되어 있었습니다. '선(禪)'은 우리말로 '고요히 생각한다'라는 뜻입니다. 마음을 한곳에 모아 고요한 경지에 들어가게 되면 인간은 '참선(參禪)'을 하게 된다고 하지요.

참선이란 부처님의 마음자리인 '본디 지니고 있는 청정한 마음'으로 가도록 현실의 집착을 버리고 나를 머물고 변하고 없어지게 하는 번뇌와 망상을 비워 내는 공부하는 것이라고도 합니다. 『장욱진 선(禪) 시리즈 목판화 집(集)』에 발표된 목판화 작품들은 모두 선불교를 대표하는 화두(話頭)에 관한 그림들이었지요.

작은 도화지에 '직지인심(直指人心)', '이심전심(以心傳心)', '마전작경(磨塼作鏡)', '일묵여뢰(一❎如雷)' 등과 같은 4개의 한자어로 된 선불교의 화두를 쓴 후, 그 불교의 가르침을 한눈에 볼 수 있도록 간단한 목판화로 완성하였습니다. 『장

용인의 고택과 옛사람들 이야기

욱진 선(禪) 시리즈 목판화 집(集)』에 발표된 불교의 가르침 중 '일묵여뢰(一黙如雷)'의 내용을 쉽게 풀어 쓴 글을 같이 읽어 볼까요?

천둥과 같은 침묵   글: 불교경전 『유마경(維摩經)』

유마가 아파 누웠다. 세상의 모든 영혼이 불확실한 마음의 병으로 고생할 때, 그는 병들어 자리에 누웠다.

모든 석가모니의 이름난 제자들이 그의 자리 옆에 모여 절대적 진리에 대한 그들 나름의 생각을 경험하고 느낀 대로 말했다.

이제 이 논의의 결론을 내릴 차례가 유마에게 왔다.

"……." 침묵.

"훌륭하고 훌륭합니다. 말도 없습니다. 글도 없습니다. 이것이야말로 절대적 진리입니다."

문수가 칭찬했다.

석존은 말했다.

"나는 한 번도 말로 설법한 일이 없다."

문광스님은 장욱진 화백의 그림을 모두 선(禪)으로 해석하여 볼 수 있지 않을까 하여 선불교와 관련된 화두를 주제로 한 '한국학 에세이'로 발표하고 계셨습니다.

어느 날 문광스님은 장욱진미술문화재단을 통해 우편으로 1995년판『장욱진 선

(禪) 시리즈 목판화 집(集)』을 받게 되었는데, 그 목판화집을 본 순간 너무도 놀라 펄쩍펄쩍 뛰셨다고 합니다. 그것은 선불교의 화두(話頭)만을 모아서 만들어진 목판화 화두집이었고, 하나의 화두가 한 장의 목판화로 한 장 한 장 그림으로 놀랍도록 그 깊은 철학을 잘 표현하여 보여 주고 있었기 때문입니다.

"이게 한국학이지. 한국학의 정점에 장욱진의 목판화 화두집이 있었구나. 이렇게 기뻐해도 되나?"

라고 하며 몇 날 며칠 동안 그림을 껴안고 지내셨다고 합니다. 그리고 그림을 통해 다가오는 불교의 가르침들을 어디를 가든 보고 또 보며 생각해 보고 싶어 스캔을 하여 가지고 다니면서 보셨다고 하네요.

문광스님은 또한 장욱진 화백의 『선(禪) 시리즈 목판화 집(集)』의 작품들에 대해 이미 그림의 영역을 초월했으며, 장욱진 화백 또한 그림을 통해 불교의 해탈의 경지에 이르러 있었다고 이야기를 남기고 있습니다.

용인의 고택과 옛사람들 이야기

용인시 마북동 마을의 큰 나무들

장욱진 화백의 그림에는 나무가 많이 등장합니다. 나무 주변에는 까치가 있기도 하고 어린이가 있기도 하고 작은 마을 풍경이 있기도 하고 해와 달이 있기도 합니다. 1950년대 작품을 보면 오래된 나이를 먹은 거목들이 화면의 중앙에 큰 공간을 차지하고 가지들은 하늘을 향해 뻗어 있습니다.

초기 작품 〈거목〉을 보면 어머니의 품처럼 새들이 둥지를 틀도록 팔을 뻗어 새와 둥지를 품고 있는 나무의 모습입니다. 나뭇가지 아래로는 먼발치로 보이는 마을 전경이 있고, 그 위로는 보일 듯 말 듯 해가 떠 있습니다. 후기 작품으로 갈수록 장욱진 화백의 나무 그림은 나뭇잎이나 가지를 그리는 일 없이 나무 전체를 큰 초록색 원형 덩어리로 단순화하여 그려 내고 있습니다. 눈에 보이는 나무가 아니라 장욱진 화백의 마음을 통해 느끼는 나무를 자신만의 형태로 재창조한 것이지요.

장욱진 가옥 근처 마북동 구성도서관 앞 보호수

용인의 고택과 옛사람들 이야기

장욱진, 〈거목〉, 1954년, 캔버스에 유채, 29×26.5cm

(자료 제공: (재)장욱진미술문화재단)

보호수로 지정된 커다란 거목은 마북동의 마을 어귀 곳곳에서 눈에 띕니다. 아파트단지들이 들어서고 아스팔트길이 난 길목에도 돌연 수백 년 된 거목들이 생명을 유지하고 있고, 현대식 아스팔트길은 구불구불 길을 내더라도 신이 깃들어 보이는 듯한 큰 나무를 조심스레 비껴 길을 만들었습니다.

커다란 거목은 지상과 천상을 위아래로 잇는 통로라고 믿었고, 그래서 사람들에게 숭배의 대상이 되기도 했습니다. 〈거목〉에 등장하는 큰 나무 역시 큰 팔을 뻗어 새들에게는 둥지를 틀게 하고 나뭇가지 아래 위치한 마을을 수호신과 같이 품에 넣고 보호해 주고 있는 것과 같이 보입니다.

거목은 신성한 나무이며 동양과 서양의 종교에서는 생명의 근원으로 여겨져 하늘과 인간을 소통할 수 있게 이어 주는 매개라고 믿어 왔습니다. 예를 들어 단군 신화의 신단수, 기독교의 구약성서에 나오는 세계수 모두 생명의 원천이 되는 나무로 신성한 나무입니다. 구약성서에 등장하는 에덴의 동산에서 선과 악을 알게 해 주는 지혜의 나무 또한 그러한 세계수에 해당하겠습니다.

아침저녁 산책을 오가며 장욱진 화백은 집 근처의 이 커다란 거목 앞을 지났을 것이고, 그 그늘 아래 앉아 휴식을 취했을 것입니다. 지금은 구성도서관과 아파트들 사이에 보호수 철조망 속에 있지만, 시간의 필름을 돌려 떠올리면 거목 앞을 산책하는 콧수염의 장욱진 화백의 뒷모습을 상상해 볼 수 있습니다.

더 읽을

용인 이야기

한유진 · 서희정

용인, 이름에 얽힌 유구한 역사

용인의 역사는 백제 시대의 멸오현(滅烏縣)이라고 불리는 것에서부터 시작합니다. 백제의 땅이었던 용인은 고구려 장수왕의 남하정책으로 고구려에 속하게 되면서 구성현(駒城縣)으로 불리다가, 삼국통일 이후 통일신라 시대의 경덕왕에 의해 거서현(巨黍縣)으로 불리게 되었습니다.

고려 시대에는 용구현(龍駒縣)으로 불리고, 김윤후 장군의 지휘로 몽골의 침입을 막은 처인부곡이 처인현(處仁縣)으로 승격한 후, 용구현의 첫 번째 자인 '용'과 처인현의 두 번째 자인 '인'이 합쳐져 조선 태종 14년인 1414년 용인현(龍仁縣)으로 불리며 '용인'이라는 이름이 탄생하게 됩니다. 현재는 인구 100만 명이 넘어 용인 특례시라는 이름으로 불리게 되었습니다.

용인의 대표 성씨와 용인 사람들

조선의 수도가 한양으로 지정되면서 용인은 한양과 부산을 연결하는 교통의 요
충지 역할을 하게 되었습니다. 용인의 지리적 이점으로 인해 고려 말부터 사대부
가문들은 용인에 터를 잡곤 하였습니다. 예를 들어, 용인이씨, 영일정씨, 연안이
씨, 한양조씨, 한산이씨 등이 용인을 대표하는 성씨입니다.

묘역과 고택이 아름답게 보존된 용인 지역은 성리학을 기반으로 나라를 다스리
고자 한 조선의 건국 이념을 쉽게 발견할 수 있습니다. 역사적으로 잘 알려진 용
인 사대부를 살펴보면서 용인에 대해 알아볼까요?

영일정씨, 포일 정몽주

정몽주선생묘와 충렬서원에서 나타나는 사대부의 충성심

단심가

此身死了死了(차신사료사료) 이 몸이 죽고 죽어

一百番更死了(일백번갱사료) 일백 번 고쳐 죽어

白骨爲塵土(백골위진토) 백골이 진토 되어

魂魄有也無(혼백유야무) 넋이라도 있고 없고

向主一片丹心(향주일편단심) 임 향한 일편단심이야

寧有改理與之(영유개리여지) 가실 줄이 있으랴

포은 정몽주(1337~1952)는 고려 말기 문신으로, 한국 성리학의 기반을 닦은 인물이자, 고려 말에 조선이라는 새 왕조를 세우려는 이성계에 맞선 충신으로 알려져 있습니다. 고려왕조에 대한 그의 충성심이 담긴 시조, 「단심가」에서는 새 왕조를 세우려는 세력에 대응하는 그의 결의를 느껴 볼 수 있습니다.

불안정한 고려 말기, 이성계의 아들 이방원은 정몽주를 회유하기 위해 시조 「하여가」를 읊고 정몽주에게 답가를 부탁했습니다. 고려를 버리고 조선이라는 새로운 나라를 함께 이끌어 나가자는 비유가 담긴 이방원의 「하여가」를 들은 정몽주는 「단심가」를 답가로 읊었습니다.

죽어서도 고려왕조를 배반하지 않겠다는 내용의 시조를 들은 이방원은 그의 마음을 돌릴 수 없다는 것을 깨닫고, 조영규 일파를 불러 정몽주를 죽일 것을 명령

합니다. 그리고 그날 밤, 조영규 일파는 선죽교를 건너 집으로 돌아가는 정몽주를 기습합니다. 이때, 자신의 운명을 예견하고 있었던 정몽주는 차마 앞으로 일어날 끔찍한 일을 똑바로 볼 수 없어 말을 거꾸로 타고 있었다고 합니다.

그렇게 말을 타고 다리를 건너던 정몽주를 향해 조영규 일파는 무기를 휘두르고, 정몽주가 죽어 가며 흘린 피는 선죽교를 물들여 현재까지도 돌다리가 붉게 물들어 있다는 설화가 전해집니다. 그뿐만 아니라 그의 피로 인해 붉은 참대나무가 자라고, 물고기의 지느러미를 붉게 물들면서 온 자연이 그의 죽음을 슬퍼하였다는 이야기도 함께 전해집니다.

정몽주의 묘는 선죽교에서 가까운 북한 풍덕군에 있었으나, 이후 정몽주의 고향인 경북 영천으로 옮기는 공사를 하게 되었습니다. 하지만 도중에 묘 옆에 꽂힌 깃발이 바람에 날려 용인시 처인구 모현읍 능원리에 우연히 떨어져 용인에 묘터를 잡게 되었다는 전설이 있습니다.

정몽주의 묘소 근처에는 그의 위패를 모신 '충렬서원'이 있습니다. 조선 선조 9년에 정몽주와 조광조의 학문과 덕행을 추모하기 위해 충렬사라는 이름으로 세워진 것입니다. 하지만 임진왜란으로 인해 충렬사는 불타 없어지고, 이후 정몽주의 묘는 모현읍으로 옮겨지면서 충렬서원이라는 이름으로 다시 건축되었습니다.

임진왜란 때까지의 충렬사에 대한 역사는

충렬서원 원장 선생안, 1773년

(자료 제공: 용인시박물관)

『충렬서원 원장 선생안』에 쓰여 있으며, 조선 중기 학자 정명한의 『충렬서원중수록』에는 충렬서원이 다시 건축되는 과정이 자세히 기록되어 있어 정몽주와 용인과의 우연한 인연을 더욱 깊게 느끼지 않을 수가 없습니다. 영일정씨는 정몽주의 묘역과 함께 15세기부터 용인의 모현 지역을 기점으로 용인에 터를 잡으며 현재까지 살고 있습니다.

한양조씨, 정암 조광조
심곡서원과 사은정에서 흘러나오는 사대부의 개혁 의지

조광조(1482~1520)는 조선 중종 시기 문신으로, 성리학을 근간으로 하는 사림파의 지도자였습니다. 또한 그는 유교를 정치의 근본으로 삼아야 한다는 사상으로 정치 개혁을 꿈꾼 정치가였습니다. 조광조의 시문을 엮은 『정암집』에서는 개혁정책에 대한 완고한 신념을 읽을 수 있습니다.

조광조는 조선의 정치적 안정을 위해서도 여러 가지 노력을 했습니다. 마을의 공동체 생활을 잘 할 수 있는 규칙인 '향약'과 훌륭한 신하를 공정히 뽑을 수 있는 '현량'이라는 제도를 만들었습니다. 그리고 나라에 공을 세우지 않고도 거짓으로 공을 세운 척하여 이익을 챙긴 신하를 골라내어 재산을 다시 국가에게 되돌리게 했습니다.

하지만 이러한 과정에서 조광조가 속한 사림파의 반대 세력인 훈구파 사람들이 피해를 받게 되고, 훗날 훈구파는 개혁정치를 하려던 사림파 사람들을 죽이거나 시골로 유배를 보내게 됩니다. 젊은 정치가 조광조도 이때 전라도로 유배되어 결

정암집, 1636년 (자료 제공: 용인시박물관)

국 사형에 처해집니다. 이 사건을 '기묘사화'라고 합니다. 그의 묘소와 위패를 모신 '심곡서원'은 용인시 수지구 상현동에, 조광조가 학자들과 학문을 논한 '사은정'은 용인시 기흥구 지곡동에 있어 청렴한 국가를 꿈꾸던 그의 소망을 찾아볼 수 있답니다.

생거진천(生居鎮川) 사거용인(死居龍仁)의 두 가지 옛이야기

추천석 설화

생거진천 사거용인은 추천석의 억울한 이야기?

충청북도 진천군과 경기도 용인시를 가리켜 '생거진천(生居鎮川) 사거용인(死居龍仁)'이라는 말이 있습니다. 살아서는 진천, 죽어서는 용인에 머물러야 한다는 알쏭달쏭한 표현은 추천석이라는 인물에 관한 설화에서부터 시작됩니다.

옛날, 진천에는 '추천석'이라는 평범한 가장이 살고 있었습니다. 여느 때와 다름없이 잠에 든 그는 돌연 죽게 되어 저승사자와 함께 염라대왕에게 가는데, 염라대왕이

"어디서 왔느냐?"

고 묻자 추천석은

"예, 저는 진천 사는 추천석이라 합니다."

라고 대답하였습니다.

염라대왕은 그의 대답에 깜짝 놀라는데, 사실 이들은 용인에 사는 추천석을 데려왔어야 하는 것을 진천에 사는 추천석을 잘못 데려온 것이었습니다.

염라대왕은 곧바로 올바른 인물을 거둬 올 것을 명령하여 진천의 추천석을 돌려보냈으나, 그의 몸은 이미 땅에 묻혀 있었다고 합니다. 진천의 추천석은 자신의 몸으로 되돌아갈 수 없게 된 것입니다.

별안간 죽은 자가 된 진천의 추천석은 좌절하던 중, 진천의 추천석은 저승사자가 데려간 지 얼마 되지 않은 용인의 추천석의 몸을 빌릴 수 있겠다는 생각을 하게 됩니다. 바삐 길을 나선 그는 운 좋게도 장례를 치르기 전인 용인의 추천석 몸에 들어갈 수 있게 되었고, 시신 앞에서 통곡하던 용인의 추천석 가족 앞에서 벌떡 일어났습니다. 반가움에 얼싸안은 용인의 추천석 가족들에게 자신이 진천의 추천석임을 이야기했지만 그들은 믿으려 하지 않았습니다.

그렇게 추천석은 그의 본가인 진천으로 향하고, 아내를 만나 자신이 돌아왔음을 외쳤습니다. 물론 영혼은 진천의 추천석일지 모르나, 겉모습은 용인의 추천석이었습니다. 겁에 질린 용인의 추천석의 아내는 마을 사람들을 불렀으며, 진천의 추천석의 가족들 또한 뒤늦게 추천석을 쫓아와 "남편이 미친 것 같다."며 소란에 대해 사과하였다고 합니다. 억울했던 추천석이 그동안의 일을 낱낱이 이야기했지만, 그에게 돌아오는 것은 마을 사람들의 매질뿐이었습니다.

이 기이한 상황이 해결될 기미가 보이지 않자, 사람들은 관아로 향해 고을 원님에게 도움을 청했습니다. 추천석의 이야기를 곰곰이 들은 원님은 고민 끝에 입을 열었습니다.

"이승에는 영혼이 아니고, 육체가 인정되니, 용인으로 가서 살라."

그렇게 원님의 판결로 인해 결국 추천석은 용인으로 돌아가 용인의 추천석이 되었습니다. 이때부터 살아서는 진천에, 죽어서는 용인에 살게 된 추천석의 운명을 뜻하는 '생거진천 사거용인'이라는 표현이 생겨났습니다.

평도공 최유경 선생
생거진천 사거용인의 또 다른 이야기!

추천석 이야기 외에도 '생거진천 사거용인'의 유래는 분분하지만, 결론적으로 살아 있을 때는 진천이 좋고, 죽어서는 용인이 좋다는 뜻입니다. 하지만 이는 재미를 위한 전설일 뿐, '생거진천 사거용인'은 세종대왕으로부터 그 효성을 인정받아 효자정문을 하사받은 평도공(平度公) 최유경 선생에 관한 일화에서 유래했다는 설이 가장 유력합니다.

충북 진천 출신의 최유경 선생은 조선 건국에 큰 공을 세운 신하로, 효심이 지극하고 바른 마음으로 정치를 했으며 한양의 숭례문과 호남의 풍남문을 건축한 인물로 알려져 있습니다. 그의 큰아들 최사위는 최유경의 고향인 진천에서 아버지 최유경 선생을 지극히 모셨으며, 최유경 선생이 돌아가신 후에는 용인 자봉산에 아버지의 묘소를 만들고 그 옆에 작은 집을 지어 3년 동안 묘소를 돌보았다고

　　　　　　　　　　　　　　　　　　용인의 고택과 옛사람들 이야기

합니다.

또한 최사위는 유언에서 그가 죽으면 아버지의 묘소 아래에 지었던 집터에 묘를 마련해 죽어서도 아버지의 묘소 곁에서 아버지를 모시겠다는 효성을 보였다고 합니다. 최씨 가문의 지극한 효행심은 용인시 기흥구 공세동 자봉산 기슭의 최유경 선생 사당, '효렴사'에 아름답게 자리하고 있습니다.

효렴사

일제의 식민 지배에 맞선 용인 사람들

1910년 8월, 대한제국의 주권은 일본제국으로 넘어가 나라를 잃고 일제의 지배를 받게 되었습니다. 일본이 강제로 나라의 주권을 뺏은 것에 부당함을 느낀 조선인들은 국내뿐 아니라 국외까지 항일운동을 이어 가며 일제의 식민 지배에 적극적으로 반대하였습니다. 용인은 특히 대규모의 항일운동을 주도한 지역으로, 일부 독립운동가들은 국내에서 멈추지 않고 베이징, 만주 등 해외로 건너가 국권을 침탈당한 대한제국의 상황을 전 세계에 알리고자 노력했습니다.

생거진천 사거용인의 또 다른 이야기!

조선인들은 독립운동을 하며 일제의 침략에 대항하였고, 용인 사람들 또한 목숨을 바쳐 싸웠습니다. 1905년에 체결된 을사늑약은 강제적으로 체결된 조약

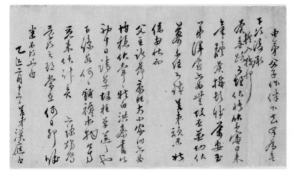

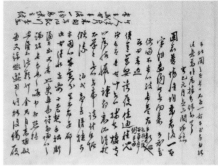

이한응 간찰, 1905년 (자료 제공: 용인시박물관)　　　민영환 간찰, 1893년 (자료 제공: 용인시박물관)

으로, 조선의 외교권 등이 일본에 넘어가게 되었습니다.

조약의 부당함을 알리기 위해 용인 출신의 두 독립운동가 이한응(1874~1905)과 민영환(1861~1905)은 유서를 쓰고 스스로 목숨을 끊어 온 세상에 일제의 만행을 알리고자 하였습니다. 용인군의 외교관으로서 을사늑약을 일찍이 알고 있었던 이한응은 을사늑약 체결 6개월 전에 유서를 남기고 런던에서 목숨을 끊었습니다. 뒤따라 조선 말기 문신 민영환 또한 일제 침략에 대항하는 유서를 쓰고 스스로 목숨을 끊었습니다.

그들의 죽음과 함께 현재까지 전해지는 유서와 편지(간찰)에는 죽기 전 삶을 정리하는 과정에서 느끼는 자신의 마음과 나라를 잃게 된 절박한 슬픔이 생생하게 전해집니다.

더 읽을 용인 이야기

독립운동과 용인 사람들

　일본의 정치 · 경제적 침탈이 계속되는 와중에도 용인 사람들은 굴복하지 않았습니다. 1919년 3월 1일 경성(지금의 서울)의 탑골공원에서 시작한 만세운동에 뒤따라, 용인에서 같은 해 3월 21일 원삼면 좌찬고개에서 전국 최대 규모의 만세운동이 일어납니다.

　용인 만세운동에 힘입어 용인 출신의 독립운동가 오의선, 남정각, 오광석, 김혁 등은 해외로 건너가 일제의 강제적인 국권 침탈을 알렸습니다. 현재까지도 용인시 원삼면 죽능리에는 오의선 독립운동가가 살던 옛집과 오광선, 정현숙 독립운동가 부부의 생가가 있던 공간이 남아 있습니다. 이들 부부의 옛집은 남아 있지 않으나, 돌을 깎아 '오광선 생가터'라는 글씨를 새겨 넣은 표지석을 통해 그들의 생가가 용인에 있었음을 알 수 있습니다.

용인에 깃든 전설

한반도를 가로지르는 영남대로

한양과 영남 지방을 연결하는 영남대로는 한양과 평안북도 의주를 잇는 의주대로와 연결되어 사실상 동아시아를 연결하는 중요한 옛길이라고도 볼 수 있습니다. 용인은 한양 도성과 영남 지방으로 연결되는 영남대로가 지나가는 길목의 역할을 했습니다. 한반도의 오랜 무역 역사를 함께하는 영남대로는 현재까지도 온전히 남아 있습니다.

옛길의 문화적 가치를 기억하기 위해 (재)경기문화재단과 경기도의 성남시, 용인시, 안성시, 이천시가 모여 함께 '경기 옛길' 코스를 꾸렸습니다. 그중 116㎞의 영남길 코스는 총 아홉 코스로 나뉘어 있어 역사문화 도보탐방길로 선조들의 발자취를 느낄 수 있습니다. 특히 영남길 제5길 코스는 수여선 옛길 코스로, 용인을 가로지르던 사라진 수여선의 기억을 떠올릴 수 있게 합니다.

지금은 사라진 철도선, 수여선

일제강점기 일본은 조선인의 삶의 터전이었던 논과 밭을 수탈하는 것은 물론, 쌀 곡창지대에서 수확한 쌀을 일본으로 가져가고자 했습니다. 1931년에는 수여선(水驪線)이라 하여 수원-용인-이천-여주를 이은 총 73.4㎞ 꼬마열차 철로를 건설하여 경기도의 주요 쌀농사 지역인 여주·이천·용인의 쌀을 수원을 통해 일본으로 쉽게 운송하여 수탈해 가져갔습니다. 철도의 궤도가 표준궤도 (1,435㎜)보다 좁아 '협궤(762㎜)열차' 혹은 '꼬마열차'라고 불렸습니다.

수여선 협궤열차의 승객들, 1960년대 추정 (자료 제공: 용인시박물관)

용인의 고택과 옛사람들 이야기

가슴 아픈 역사가 서려 있는 수여선은 광복 후 1972년까지 수도권을 오가는 학생들의 통학용 열차로 운행되다가, 영동고속도로 등 새로운 도로가 생기고, 버스와 같은 교통수단이 증가하면서 철거되었습니다.

동양의 무희, 최승희의 옛집

최승희(1911~1969?)는 1930~40년대에 조선의 색채를 반영한 근대 무용을 세계적으로 공연하여 이름을 떨친 전설적인 무용가입니다. 최승희가 신혼집으로 머물던 옛집이 용인시 원삼면 문촌리 417번지에 남아 있습니다. 최승희는 남편이자 저술가인 안막과 1931년에 결혼한 후 이곳에서 6년을 머물며 첫째 딸인 안승자를 낳았다고 합니다.

마을 사람들의 이야기에 따르면 동네 우물가에서 어여쁜 색시가 우물가를 돌며 아름다운 춤을 추었는데, 최승희 가족이 집을 떠난 이후에서야 그 색시가 유명한 무용가 최승희였다는 사실을 알게 되었다는 전설 같은 이야기가 함께 전해 내려옵니다.

이후 최승희는 국내는 물론 미국, 만주, 중국, 일본 등을 오가며 최소 130여 회의 공연을 하였다고 합니다. 칼춤, 부채춤, 가면춤 등 아름다운 조선의 무용을 서양 무용과 접목하여 춤을 추어 전 세계에 '최승희 춤'으로 불리는 춤을 알렸습니다. 최승희는 '동양의 무희'라는 찬사와 함께 현재까지도 한국의 무용 역사에서 중요한 인물로 이야기되고 있습니다.

한산이씨 음애공파 고택

분류: 유적건조물 / 주거생활 / 주거건축 / 가옥

수량/면적: 1동

지정(등록)일: 1997.12.26.

소재지: 경기도 용인시 기흥구 지삼로198번길 30-4

(지곡동, 음애이자선생고택)

시대: 조선 시대

관리자(관리단체): 한산이씨음애공파종중

이주국 장군 고택

분류: 유적건조물 / 주거생활 / 주거건축 / 가옥

수량/면적: 1곽

지정(등록)일: 2000.03.24.

소재지: 경기 용인시 처인구 원삼면 문촌로 252(문촌리)

시 대: 조선 영조 29년(1753)

관리자(관리단체): 정＊＊＊

장욱진 가옥(별칭, 장욱진 고택)

분류: 등록문화재 / 기타 / 인물기념시설

수량/면적: 한옥 2동 - 건축면적 46.48㎡, 46.03㎡

양옥 1동 - 지하 1층, 지상 2층, 건축면적 93.81㎡, 연면적 246.78㎡

지정(등록)일: 2008.09.17.

소재지: 경기 용인시 기흥구 마북동 243-5번지, 244-2, 238

시대: 한옥 1884년(1986년 개보수), 양옥 1989년

관리자(관리단체): (재)장욱진미술문화재단

※ 출처: 문화재청 국가문화유산포털
  (https://www.heritage.go.kr/main/?v=1660368822285)

【 이야기에 도움을 주신 분들 】

『용인의 고택과 옛사람들 이야기』에 도움을 주신 분들께 감사드립니다(가나다순).

담양전씨 보령공파 전택수 선생님

용인문화원 김장환 사무국장님

용인시박물관 소지현 학예연구사님

용인시시청 이서현 학예사연구사님

이주국 장군 직계후손 이용호 할아버지

이주국 장군 직계후손 부인 조금선 할머니

(재)장욱진미술문화재단 장유진 이사님

한산이씨 음애공파 이변구 총무이사님

홍주성역사관 이윤현 학예연구사님

【 그림 및 사진 제공처(가나다순) 】

국립고궁박물관

국립중앙박물관

국립민속박물관

국립한글박물관

디지털용인문화대전

용인시박물관

(재)장욱진문화재단

한국민족문화대백과사전

홍주성역사관

61쪽 문헌서원 사진자료

1. "본 저작물은 '한국학중앙연구원'에서 공공누리 제1유형으로 개방한 '문헌서원(작성자: 김연삼)'을 이용하였으며, 해당 저작물은 '한국민족문화대백과사전, http://encykorea.aks.ac.kr/MediaService'에서 무료로 다운받으실 수 있습니다."

2. "본 저작물은 '한국학중앙연구원'에서 공공누리 제1유형으로 개방한 '서천 문헌서원 전경(작성자: 유남해)'을 이용하였으며, 해당 저작물은 '한국민족문화 대백과사전, http://encykorea.aks.ac.kr/MediaService'에서 무료로 다운받으실 수 있습니다."

63쪽 용인 한산이씨 음애공파 고택 전경 사진자료

"본 저작물은 '한국학중앙연구원'에서 공공누리 제1유형으로 개방한 '용인 한산 이씨 음애공파 고택 전경(작성자: 김광섭)'을 이용하였으며, 해당 저작물은 '한국 민족문화대백과사전, http://encykorea.aks.ac.kr/MediaService'에서 무료로 다운 받으실 수 있습니다."

64쪽 목은 이색 초상 사진자료

"본 저작물은 '국립중앙박물관'에서 공공누리 제1유형으로 개방한 '이색 초상'을 이용하였으며, 해당 저작물은 '국립중앙박물관, www.museum.go.kr'에서 무료 로 다운받으실 수 있습니다."

※ 각 원고에 수록된 사진은 대부분 해당 원고의 필자가 직접 촬영한 것이며, 그렇지 않은 경우 제공자나 출처 를 밝혔습니다.

용인의 고택과 옛사람들 이야기

【 참고 문헌(가나다순) 】

– 강선중, 「韓國 傳統마을의 空間構成 方法에 대한 研究」, 명지대학교 석사논문, 1984.

– 강동석, 「이곡의 시세계와 자아의식」, 『한문교육논집』, 제35호, 한국한문교육학회, 2010.

– 강효석, 『大東奇聞』, 東亞印刷所, 1931.

– 김동욱 번역, 『오백년기담(장서각본)』, 보고서, 2011.

– 김영선, 「양아록(養兒錄)』을 통해 살펴본 조선 중기 사대부가의 출산 관련 문학」, 『연민학지』, 제22호, 연민학회, 2014.

– 김종진, 「陰崖 이자의 詩에 대한 考察:16세기 士林派 文學의 一段」, 『敎育論叢』, 전주대학교 교육문제연구소, 1989.

– 마승재, 「장욱진 예술세계에 나타난 道家의 생태미학」, 『陽明學』, 제64호, 한국양명학회, 2022.

– 목은연구회, 『목은 이색의 생애와 사상』, 일조각, 1996.

– 문광스님, 「장욱진 목판화의 화두와 선미(禪味)」, 불교신문 3726호, 2022년 7월 26일.

– 박시백, 『조선왕조실록』, 휴머니스트, 2021.

– 서거정, 『東人詩話』, 慶州府, 1664.

– 서거정, 박성규 역, 『東人詩話』, 집문당, 1998.

– 어강석, 『목은 이색의 삶과 문학』, 한국학술정보, 2007.

– 이상아, 박상금, 최진, 『국역 의례: 관례, 혼례편』, 한국인문고전연구소, 2021.

– 이영란, 『근대무용의 선구자 최승희 예술과 글』, 나눔사, 2017.

– 이인영, 『내 고장의 얼(유물·유적)』, 용인문화원, 1986.

– 이종호, 「文山 李載毅의 삶과 交遊」, 『한국인물사연구』 제13호, (사)한국인물사연구
   회, 2010.

– 임용한, 『조선국왕 이야기』, 혜안, 1999.

– 정두희, 「소격소 폐지 논쟁에서 나타난 조광조와 중종의 대립」, 『진단학고』, 제88
   호, 진단학회, 1999.

– 정만조, 『음애 이자와 기묘사림』, 지식산업사, 2004.

– 정수웅, 『세기의 무희 최승희 – 격동의 시대를 살다 간 어느 무용가의 생애와 예
   술』, 눈빛, 2011.

– 조성균, 곽정현, 「조선시대 무과제도와 활쏘기 문화의 성쇠」, 『무예연구』 제12호, 한
   국무예학회, 2018.

– 최동주, 『五百年奇譚』, 博文書館, 1923.

– 최상의, 『국역 구활자본 오백년기담』, 보고서, 2014.

- 홍순석 · 이인영, 『내 고장 옛이야기−향토문화자료 5』, 1984.

- 홍순석 엮음, 『향토문화자료 4− 내고장의 얼』, 용인군문화원, 1984.

- 홍인희, 『우리 산하에 인문학을 입히다』, 교보문고, 2019.

- 『2010年度 京畿道民俗資料 實測調査報告書: 傳陰崖 李籽 古宅』, 경기도 용인시, 2010.

- 『2010年度 京畿道指定文化財 實測調査報告書: 李柱國將軍 古宅』, 경기도 용인시, 2010.

- 『용인시 문화재 총람』, 용인문화원, 2007.

- 『용인 장욱진 가옥 기록화조사보고서』, 문화재청, 2010.

- 『조선왕조실록』, silok.history.go.kr

- 『全州李氏德泉君派譜』, 卷之五.

- 〈장욱진전: 용인문화재단 창립10주년 특별전〉, 포은아트갤러리, 2022년 6월 28일 − 8월 21일.

- 이용호 할아버지 인터뷰(2022년 7월 11일).

서희정

(현) 성신여자대학교 인문과학연구소 연구교수, 근현대미술사 · 디자인사 박사

서울에서 태어나 용인에서 산 지 15년 차가 된 대학의 연구자입니다. 홍익대학교 대학원 예술학과에서 미술이론을 공부하기 시작했고, 독일과 일본을 다니며 근대디자인사를 연구 · 조사하다가 지금의 독일인 남편을 만났습니다. 이제 독일인 남편도 용인살이 10년 차로 동네 식당에서 먹는 한국의 치즈닭갈비 마니아가 되었습니다. 근대문화사 이야기를 읽고 쓰며 공부하는 것을 좋아하고 용인시 이동읍에 있는 묵리계곡에 발을 담그며 가족과 주말 보내기를 좋아합니다. 최근 지방사 연구로 용인의 초등학교의 근대교육역사를 조사하고 논문을 쓰고 있습니다.

이성례

(현) 이화여자대학교 강사, 한국미술연구소 연구위원, 한국미술사 박사

이화여자대학교에서 한국화를 전공하고, 동 대학원 미술사학과에서 한국 및 동양회화사를 공부하여 석사와 박사 학위를 받았습니다. 저서로 『담론과 이미지로 본 현모양처의 탄생』이 있으며, 근현대 동아시아 시각문화에 관심을 두고 집필한

다수의 논문과 공저가 있습니다. 연구와 글쓰기, 강의를 하는 연구자이면서 세 아이의 엄마이기도 합니다. 아이들이 한국 미술과 친해질 수 있도록 미술사를 쉽고 재미있게 풀어쓰는 글쓰기에도 관심을 갖고 있습니다.

김난경

(현) 성신여자대학교 강사, 성신여대 인문과학연구소 연구원, 고전산문·구비문학 박사

성신여자대학교에서 국어국문학를 전공하고, 동 대학원 국어국문학과에서 고전 산문 및 구비 문학를 공부하여 석사와 박사 학위를 받았습니다. 박사 학위 논문 「건달형 인물전설의 전승지역 특징과 이행기적 성격」 연구를 확장하여, 현재 조선 후기 저잣거리를 중심으로 한 왁자지껄한 풍속·민속사와 하루하루 연명하며 살아가는 왈자패와 같은 인간군상의 이야기들을 수집하고 연구하고 있습니다. 이야기로 사방팔방 조선팔도·지하대국 천하대국, 온 세상과 소통하고자 연구와 글쓰기, 강의도 하는 옛이야기 연구자입니다.

정선화

(현) 성신여자대학교 사학과 대학원 석사 수료

경기도 안산시에 15년째 살고 있으며, 한국현대사를 공부하고 있습니다. 학부 시절부터 매 학기 여러 지역으로 답사를 다녔습니다. 역사적 의미를 가진 장소를

직접 방문하여 역사학으로 공부하던 것의 가치를 직접 발견하는 기쁨을 알게 되었습니다. 사람들에게 널리 알려져 있는 유명한 문화재를 답사하는 것도 좋지만, 태어날 때부터 지금까지 살고 있는 경기도의 동네 문화재에 관심을 두고 그 가치를 알아 가는 것에 더 의미를 느낍니다. 어린 시절 6년간 용인에서 살았기에 용인은 마치 제2의 고향 같은 지역입니다. 이번 기회를 통해 용인에 방문하여 아름다운 고택들과 그곳에 살았던 옛사람들에 대한 풍부한 이야기들을 조사하고 직접 글을 쓸 수 있어서 즐거운 경험이었다고 생각합니다.

한유진

(현) 경기대학교 서양화미술경영학과 대학생

경기도 안양시에서 태어나 의왕시에서 살고 있는 미술대학의 학생입니다. 산과 냇가, 옛집, 높은 신축 건물이 아름답게 어우러진 경기도는 사람의 흔적이 고스란히 남아 있는 곳입니다. 경기도민으로서 경기도의 공간, 세월, 사람 간의 관계에 대해 탐구해 보고 싶던 와중에 용인시와 인연이 닿아 용인시와 용인 사람들에 관한 책의 한 부분을 쓰게 되었습니다. 현재의 역동성을 느낄 수 있는 동시대 미술을 사랑하지만, 오랜 역사를 첩첩이 간직하고 있는 우리 문화재 또한 관심이 많아 전통과 현대의 경계를 넘나드는 사람이 되고자 합니다.

용인의 고택과 옛사람들 이야기

● 일러스트

유정자

(현) 용인·수원 지역 중학교 미술강사, 경기도 혁신교육연수원 직무연수 강사

용인으로 시집와 13년째 용인시민으로 살고 있습니다. 환경부 국립생물자원관에서 주관하는 자생동식물 세밀화공모전에서 수상했고, 한국저작권위원회에 일러스트 9개를 등록했습니다. 광주문화재사무국에서 광주의 문화재를 알리는 초등학교 교육자료인 『만귀정 이야기』책의 일러스트 작업을 했습니다. 경기도의 중학교에서 일러스트, 애니메이션, 보태니컬아트 등 다양한 미술 분야를 강의하고 있습니다.